税理士が書いた
中小企業の経営革新バイブル

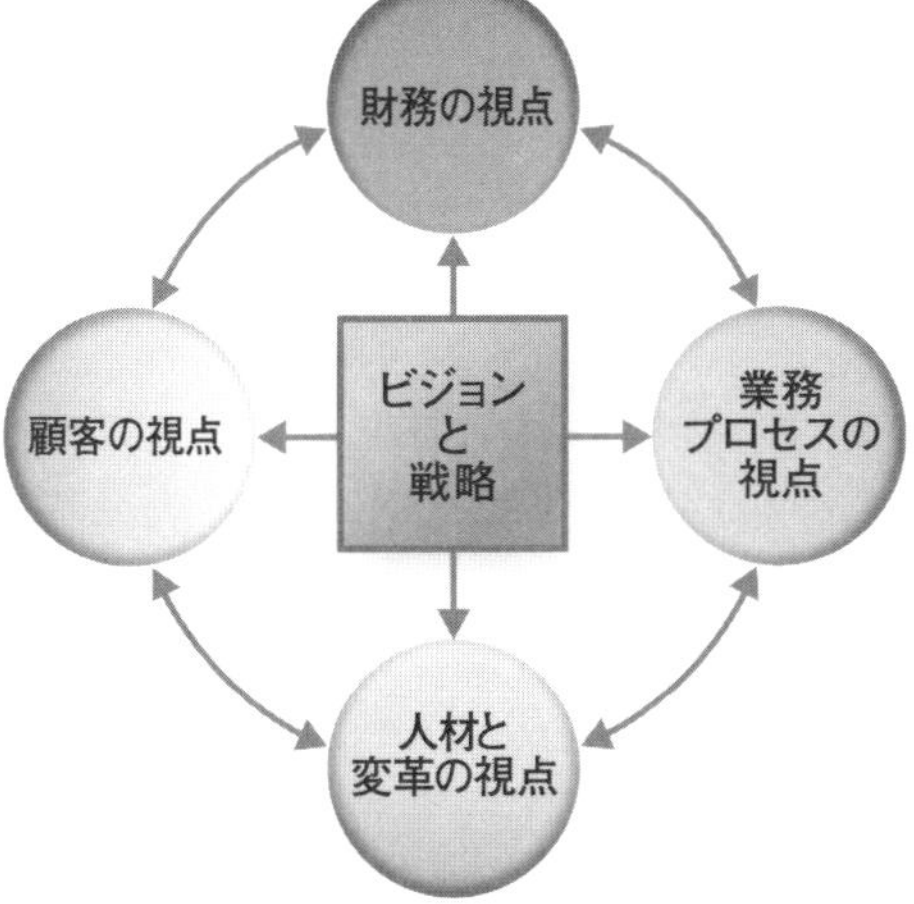

『社長の仕事』

バランス・スコアカード（BSC）経営で 目指せ優良企業!!

TKC全国会 創業・経営革新支援委員会
バランス・スコアカード研究小委員会
松本健司　島津文弘
赤岩　茂　黒岩延時
松本正福　海江田博士
齋藤保幸

TKC出版

はじめに

本書は、ＴＫＣ全国会の会員であり、その創業・経営革新支援委員会バランス・スコアカード研究小委員会に所属する七人（税理士・公認会計士）が、中小企業の再生を願って、各自の経験と知識を総動員して書き起こした、中小企業経営者に向けてのメッセージであり、中小企業の活性化に向けた一つの処方箋でもある。

一九七〇年以来、三十四年間、税理士としてまた一コンサルタント（ＩＣＧ）として、中小企業の発展と成長を願って、仕事をしてきた私自身のささやかな経験から、確信を持っていえることは、中小企業がかっての活力を取り戻すことなしに日本経済の再生はあり得ないということである。今、中小企業の社長に求められているのは、現状を打破し、思い切った経営の革新に取り組むことである。現状の延長線上には中小企業の活性化も栄光もなく、過少利益と赤字の累積による体力の消耗が残るだけである。

本書の第1章で取り上げている、日産自動車や福岡ドーム、シーホークホテルのように、大手企業であれば、社長が代わることによって、企業風土は一変し、新社長のもとに経営が大改革され、利益体質に転換するということも可能である。しかし、多くの中小企業の社長はオーナー経営者であり、ドラスティックな改革はできず、その結果企業風土は澱み、マンネリとあきらめが社内を支配しがちになる。このような中小企業が経営革新をし、現状打破をするためには、社長自身に「発想の転換」「姿勢の転換」「行動の転換」を実践していただくことが最も重要なのである。

福岡ドーム、シーホークホテルの経営革新を実践した高塚猛氏は、身をもってこの三つの転換を成し遂げた社長（当時。現ダイヤモンド社社長）であり、中小企業の社長さんにとって大いに参考になるのではないかと思う。「目標が明確ならば、意欲が湧く」という。明確な目標が提示されれば、集団はその目標を達成すべく意欲を持って行動するはずである。

中小企業も「売上目標」を定め、経営計画を策定しているが、集団が意欲を持ち、熱気を帯びてその目標を達成すべく行動をしているだろうか。大手企業とて同様である。

倒産した百貨店「そごう」にも立派な販売計画・売上目標・経営計画は存在したはずだ。しかしそこでは目標が「真の目標」として機能せず、いつの間にか「願望」にすり替わっていたのではないか。

つまり「売上目標が達成できたらいいなあ」という願望レベルでは、集団は活性化しない。「目標」は少し気を抜くとすぐ「願望」にすり替わる。「目標」をいつも「真の目標」たらしめるのが社長の仕事である。

日産自動車を立て直したカルロス・ゴーン氏は「コミットメント」だという。コミットメントとは「期限を決めて絶対に達成すると約束した目標」つまり、何が何でも達成しなくてはいけない目標だそうである。

現在の中小企業の大部分は「過少利益」か「赤字」で、企業体力が低下している。

社長の仕事の中で重要なる目標の一つは、企業の体格（売上高・総資本・社員数）に応じた「適正利益」を確保することである。「適正利益」が確保されていなければ、どうなるか。例えていうならば、年齢・体格に応じた適正なカロリーを摂取していないか、絶食（赤字）をしている人間と同じ症状を呈し、企業は確実に痩せて体力を無くし、免疫力をなくし、軽い風邪をひいただけでも肺炎になり、死に至ることさえあり得るのである。

企業が頓死を免れるためには、赤字または過少利益の現状から抜け出すための、前向きな「現状打破」ができるかどうかである。「現状打破」は、「現状否定」である。

日産自動車を改革したカルロス・ゴーン氏の現状打破は、

「切る」（人を切る・コストを切る・しがらみを切る）

「売る」（資産を売る・車を売る・ブランドを売る）

「作る」（売れる車を作る・人を作る・儲かるシステムを作る）

の三つであった。中小企業の社長さんにも、この三つができないはずはない。

経営革新・現状打破といっても、徒手空拳で実行に移せるはずもなく、また闇夜に鉄砲を撃つというのも非効率的すぎる。そこで、本書は種々の経営革新の手法の中から、最新の管理手法として「バランス・スコアカード」（BSC：Balanced Scorecard）の手法を取り上げた。

長い平成不況のただ中でも、立派に業績を上げている中小企業もたくさんある。それらの企業は社長さんが「社長の仕事」を確実に実践しているのである。儲かっていない中小企業の社長さんは「社長の仕事」をしていなくて、社長がしなくてもいい「管理」「監督」をしているのである。「管理」をいくらしても利益は一円も増えないし、「コスト」がかかるばかりである。「管理」「監督」は分散化して社員に任せ、社長が社長の仕事をすれば利益体質の企業に変身するはずである。

企業は単に生き残るだけでは駄目である。

社長は社員満足度・顧客満足度を高めて売上高を確保し、企業体力に応じた「適正利益」を確保して社長の自己実現を果たしていただきたいと切に願う。

本書の制作に当たっては、全国から気鋭の会計人である赤岩茂、松本正福、齋藤保幸、島津文弘、黒岩延時、海江田博士の各氏に集まっていただき、それぞれの職業会計人としての経験をベースに充分議論して活躍していただいた。また、編集についてはＴＫＣ出版石野清専務、ＴＫＣ岩井康治課長、浅香智之課長に、さまざまなお力添えを頂戴した。さらに、本書の企画・出版に向けて、ためらう我々の背中を押し、一年にわたる制作過程でさまざまな貴重なアドバイスを与え続けてくれたのは㈱ＴＫＣ飯塚真玄社長だった。飯塚社長がいなければ、本書は完成しなかったとさえ思われる。その点を最後に申し添えて、深く感謝を捧げたい。

平成十六年七月吉日

北九州市にて　松本　健司

税理士が書いた中小企業の経営革新バイブル

『社長の仕事』

――「バランス・スコアカード経営」で目指せ優良企業!!

はじめに

第1章　社長の仕事

第2節——社長は社長の仕事をせよ　19

第2章 7つの着眼点

第2節――経営計画を活用せよ 64

第4節——顧客を拡大せよ　94

第5節——データを経営に生かせ　105

第6節――自社の制約条件を突破せよ（TOCの手法）　123

第3章 「バランス・スコアカード経営」で会社を変革せよ!!

第2節――「バランス・スコアカード経営」のすすめ　165

第4章 中小企業の「戦略マップ」活用事例

第1章

社長の仕事

企業経営を左右する最大の要因は経営者自身にあるといわれています。経営者がどのような人生観、経営観をもち、日々どのような姿勢で経営に取り組んでいるかによって企業の盛衰は大きく左右されます。その差は、経営環境が厳しい時代には、より顕著に表れるといってよいでしょう。

中小企業の現状打破・経営の革新は、経営者が自分のするべき仕事とは何か、をはっきり見極めることが、最初の出発点ではないでしょうか。しかし、実際には、この点を見誤っている経営者が意外に多くおられるようです。そこで本章では、経営危機にある企業の再生に果敢に取り組んだ、カルロス・ゴーン氏と高塚猛氏の行動・事跡の中から、企業の危機状況で端的に発揮された経営者の役割を探り、次に社長の仕事とは何かを、具体的に検討してみたいと思います。

第1節

2つの企業再生手法

Ⅰ　カルロス・ゴーン氏の企業再生手法

日本経済新聞が実施した「平成の名経営者」アンケート（平成十六年一月六日号）において、その第一位に、カルロス・ゴーン氏が選ばれました。第二位にはトヨタ自動車の奥田碩会長、第三位にキヤノンの御手洗冨士夫社長、第四位にイトーヨーカ堂の鈴木敏文会長が続きました。外国人経営者であるゴーン氏が第一位に選ばれた理由は、日産自動車の再建を任され、短期間に業績を急回復させたその統率力にあるとされています。歴代の日本人経営者が何度も挑戦し、失敗した、日産の企業再生を軌道に乗せることができたのは、ゴーン氏の経営手腕によるものであることは、疑いのない事実です。

ゴーン氏がしがらみのない外国人だからできたのだという声もありますが、日産自動車の徹底した改革を進めたゴーン氏に、今日の経営者の理想像を見た人が多いことを、アンケート結果は示しています。

そこで、ゴーン氏の改革プロセスから、現状打破を求める中小企業経営者が、学ぶべきものはないか、検証してみたいと思います。

1．目標を明らかにし、達成を「約束」する

日本国内の三十年前の自動車販売のシェアは、日産はトヨタと争い、堂々と第二位の地位にありました。

一九七〇年の国内販売台数は、トヨタ七十三万台、日産五十九万台と、その差は十四万台程度でした。ところが十年、二十年の間に、第一位のトヨタとの差は次第に広がってゆき、ついに一九九九年上期には、その第二位の座も、ホンダに僅差で奪われ、第三位に転落する結果となりました。

海外市場でもシェアの低下は著しく、一九九一年と一九九九年を比較すると年間生産台数で六十万台減少。しかもその八年間に七回の赤字を計上、負債金額は二兆円を超す状態でした。その間、歴代の社長が何度か経営改革を試みるも成功せず、一時は再建不可能の企業とさえいわれました。こうした中で一九九九年三月にフランスのルノー社との提携が電撃的に発表され、六月にカルロス・ゴーン氏が、日産の最高執行責任者（COO）に就任し、経営の再生に着手したわけです。

平成の名経営者

1	カルロス・ゴーン（日産自動車）
2	奥田　碩（トヨタ自動車）
3	御手洗　冨士夫（キヤノン）
4	鈴木　敏文（イトーヨーカ堂）
5	永守　重信（日本電産）
6	小倉　昌男（ヤマト運輸）
7	金川　千尋（信越化学工業）
8	武田　国男（武田薬品工業）
9	盛田　昭夫（ソニー）
10	孫　正義（ソフトバンク）

（平成16年1月6日　日本経済新聞）

ゴーン氏は、就任四か月後の一九九九年十月、企業再生の最初の第一歩ともいうべき、『日産リバイバル・プラン』（NRP）三年計画を内外に発表し、次の三つの「必達目標」を掲げました。

①二〇〇一年三月三十一日までに黒字化を達成する。

②二〇〇三年三月三十一日までに営業利益率四・五%以上を達成する。
③二〇〇三年三月三十一日までに有利子負債一兆四〇〇〇億円を七〇〇〇億円に削減する。

このリバイバル・プランのキーワードは「コミットメント」(「約束」「公約」「必達目標」の意)でした。ゴーン氏は「**目標達成のために必要なことは明確な『公約』(commitment)を設定し、『必達』(make sure)することなのだ**」と語っています。ゴーン氏が社長になったことで何が変わったのか。この問いに日産の社員たちは「目標が分かりやすくなった」と語っています。目標を数値化した「リバイバル・プラン」によって、全社員に進むべき方針が分かりやすく、クリアになりました。しかも、もし一つでも達成できなかった場合は、自ら退陣すると「公約」することによって、社長自身の不退転の意志を明らかにしました。

2.「しがらみ」にとらわれず、現実的に行動する

「リバイバル・プラン」の中には、次の四つの軸が立てられていました。

①製品を一新すること。
②テクノロジーに再投資すること。
③日産ブランドのイメージを再建すること。
④様々な市場において日産を売り出す機会をつかむこと。

日産リバイバル・プラン

① 製品を一新すること。
② テクノロジーに再投資すること。
③ 日産ブランドのイメージを再建すること。
④ 様々な市場において日産を売り出す機会をつかむこと。

このようなアグレッシブな経営戦略を実行するには、財源が必要です。そのためにコスト削減を徹底的に行い、本業とは関係のない資産はすべて容赦なく売り払う計画を立てました。

一例として、系列会社から購入している部品価格が、ルノーより二五％も高いことが分かると、系列からの購入をやめ、部品供給システムを変えました。「最初から系列が悪いという先入観ではなく、現実を見て判断した」とゴーン氏は語っています。長年タブーであった日産の系列に大きくメスを入れられたのは、過去のしがらみにとらわれず、決断したからこそといえるでしょう。

就任当初は、工場閉鎖や部品系列会社の整理など、過去のしがらみを切る改革ができるだろうかと、その実行を疑問視する声もありました。しかし、このような経営機能に徹した改革を積み上げていくことによって、三年計画のリバイバル・プランは、一年前倒しされ、二〇〇二年にはすべての目標が達成されたのでした。

3．業績不振の理由を社員に示す

かつての日産自動車には大企業病がはびこり、役員たちは高い報酬に見合った仕事をせず、改革に対して無気力で、誰も責任を取ろうとせず、難しい問題は先送りをするという傾向がありました。

澱んだ空気が会社全体を覆い、学歴主義がはびこっていました。歴代の社長の中には、改革を実行しようとする試みもありましたが、成功しませんでした。こうした社風を改革するために、ゴーン氏は世界中の日産の社員から集めた情報をもとに、五つの業績不振の理由を示しました。

①明確な利益志向となる**収益管理を徹底する理念が欠如していた。**
②顧客を軽視する一方で、**同業他社の動向に注意を向けてこなかった。**
③**セクショナリズムが横行**し、部門を越えたクロス・ファンクショナルな組織体系が機能していなかった。
④危機に陥っていても**切迫感が足りなかった。**
⑤社員が共有する統一された**明確なビジョンや長期計画がなかった。**

実際には日産の社員の多くは、このような問題点をよく知っていました。しかし、問題解決ができなかったのはなぜでしょうか。一番の問題は、**危機を危機として受け止めず、問題をすべて他の責任に転嫁する「他責の社風」が蔓延していた**ことでした。開発部門では「営業が頑張れば車はもっと売れるはずだ」と主張し、営業部門は、「車さえよければもっと販売してみせる」と言い返すなど、不毛な議論が行われていたのです。ゴーン氏の改革は、このような社風の抜本的な改革でもありました。

4. 目標はあくまでも分かりやすく、数字で示す

「リバイバル・プラン」を一年早く達成したゴーン氏は、新しい「コミットメント」(公約)として、二〇〇二年から二〇〇四年度(二〇〇五年九月末)までの必達目標「日産180(ワンエィティ・プラン)」

ゴーン改革の内容

1 コストカット

「コストカッター」の異名を持つゴーン氏は次の施策を実行しました。

① 人のカット　3年間で14%、2万1千人の人員削減。
② 設備のカット　7工場・24プラットフォームを4工場・15プラットフォーム体制に。
稼働率51%が76%へ。
③ 経費のカット　3年間で経費を20%（1兆円）削減。
④ 仕入のカット　部品・資源購入の集中化。
1,145社の部品・資材の購入先を3年後（2002年）に600社以下にする。
⑤ サプライヤのカット
設備とサービスの6,900社を、2002年には3,400社以下にする。

2 不要資産の売却

① 590億円の有価証券と220億円の不動産を売却、負債削減に充当。
② 1,394社の保有株式のうち4社を除き売却。「有価証券は戦略にあらず」と発表。
③ 東京銀座の本社ビル新館を売却。
④ 村山工場を800億円で売却。
⑤ ノンコア事業の売却（宇宙航空部門・プラスチック燃料タンク製造ライン・ジョイント製造ライン等）を400億円で売却

以上の結果、2000年度の売却資産現金総額は、3,410億円に達した。

3 商品力・ブランド力の強化

日産最大の弱点であったデザイン部門を「商品開発部門」の1部署から「デザイン本部」に格上げ。卓抜したデザイナーとして、世界的に評価されている中村史郎氏をチーフデザイナーに迎え、新デザインのフェアレディZを市場に出し、ブランド力強化の姿勢を内外にアピールした。

を発表しました。

「リバイバル・プラン」と同様、社員全員に分かりやすい目標を数値で掲げるとの発想で、作成された『日産180』には、その短い言葉の中に三つの必達目標が隠されています。すなわち、180の『1』は販売台数一〇〇万台増加を意味し、『8』は営業利益八%達成、『0』は負債ゼロ達成をそれぞれ意味しています。この三つの新しい「コミットメント」(公約)を掲げて、日産の改革にはさらに弾みがつき、その達成スピードも早まってきました。『日産180』のスタートの年である二〇〇二年度に、七三七二億円の連結営業利益をあげ、一〇・八%の売上高営業利益率を達成、実質有利子負債を解消しています。すなわち三つの目標のうち、販売台数一〇〇万台を除く二つの目標を達成しました。さらに、二〇〇三年度には八二四九億円の連結利益、一一・一%の売上高営業利益で過去最高の利益をあげています。

5. 社員全員を一つにまとめ、経営に参加させる

ゴーン氏は、企業を再建するには経営者が必ず成功するという信念を持ち、会社の運命を自らの運命とし、その公約をコミットメントとして約束し、リスクを引き受け、すべての責任を負うことによって、目標を達成していくのだとしています。経営者の責任とは、幹部をまとめたり、中間管理職を引っ張っていくというだけでなく、企業全体のリーダーとして、「工場労働者から販売店のセールスマンにまで」会社にとって大切な目標を誰にでも分かる形で掲げ、何を一番にやっていくか、その優先順位を明らかにさせること、すなわち「**社員全員をひとつにまとめて、経営に参加させること**」そして「**その結果に対して自ら責任を負うことである**」と語っています。

日産の改革前の社内風土

・後で責任回避ができるように、重要なことは皆で決める「ことなかれ病」
・総論賛成・各論反対の「総論主義病」
・他部門のことは口も手も金も出さない「セクショナリズム病」
・建前重視で形式主義の「前例主義病」等

6. 社員を燃えさせる経営手法を活用する

世界の市場で競争に打ち勝つためには、商品の質のみならず、マネジメントの質の高さが求められています。カルロス・ゴーン氏の改革を、もう一歩踏み込んで見ていくと、そこには問題解決に向けての具体的なマネジメント手法が使われていました。それは「日産マネジメントウェイ」と呼ばれる独自の方法論です。

この手法は、マネジメントの質を向上し、意思決定を迅速にするためのプログラムで、その基礎は「日産リバイバル・プラン」（NRP）の期間中に構築されました。

「日産マネジメントウェイ」は、「クロス・ファンクショナル・チーム」（CFT）と「バリュー・アップ・プログラム」（Value-Up Program）の二つの手法で構成されています。

ここでは、「クロス・ファンクショナル・チーム」についてみていきたいと思います。

7. チーム活動で社員の未知のパワーを引き出す

「クロス・ファンクショナル・チーム」（CFT）とは文字通り、「部門を横断した課題解決チーム」を指します。これはゴーン氏の得意とするマネジメント手法であり、社員の意識を徹底的に活性化しつつ課題を解決する手法です。

この手法をゴーン氏が初めて導入したのは、一九九二年から一九九六年に至るミシュラン北米時代でした。同じタイヤメーカーであるユニロイヤル・グッドリッチとの買収合併の際に、異なる文化に根づいた二つの会社の良いところを吸収しつつ改革を進めるために、ゴーン氏は、このCFTの手法を採用したといいます。これは、会社が直面した差し迫った課題や、解決不可能とも思える問題を解決に結びつけるために、異なる職務の人々を集め、それぞれ異なる視点から同じ問題に取り組む複数のチームを作る方法です。

ゴーン氏は改革に向けての有効なアイデアは、時間をかけて、たくさんの人とブレーンストーミングを繰り返し行う中で生まれてくるものであり、各部門だけで問題を解決しようとしても大した成果は得られず、**部門や職務の間にこそ、未知のパワーが隠れている**と考えました。

検討チームの中で、問題のあらゆる側面を細部に至るまで徹底的に検討した上で、新しいアイデアを、経営陣に直接提案し、経営陣はその提案に基づいて意思決定をする。そのような新たな仕組みをゴーン氏は、ミシュランで作り上げ、合併先の幹部とともに改革を成功させました。

このときのCFTの進め方のモデルに基づいて、ルノーでは一九九七年から一九九九年にかけて「エキープ・トランスヴェルス」（部門横断チーム）を走らせました。そしてこのモデルをさらに改良した方法を、日産で実践したわけです。ゴーン氏は、自伝「ルネッサンス」の中で、「**そもそも顧客の要求はクロス・ファンクショナル（部門横断的）なものである。コストにせよ、品質にせよ、納期にせよ、ひとつの機能やひとつの部門だけで応えられるものではない**」と述べています。

さらに「CFTは、職務と職務の境界上に存在する。CFTのコンセプトを制度化して社内に根づかせるしかない。**改革の気運は経営トップによってもたらされるわけではなく、あらゆるレベルから湧き**

上がってくるようでなくてはならない」とも言っています。

8．日限を切り、改善策を徹底的に考えさせる

日本に来て間もない一九九九年の春に、ゴーン氏は「クロス・ファンクショナル・チーム」の行動計画をスピーディーに作成しました。まず厳密なタイムテーブルを作り、厳しいデッドラインを設け、速やかに人員を配置しました。そして、このチームの目的は、「リバイバル・プラン」を作り上げるために、さまざまな職務、地域、職位の人々を集め、さまざまな分野に存在する問題をすべて洗い出すことであると説明しました。

COO就任後二週間もたたない一九九九年七月には、社内の中間管理職から構成される十のチームを結成し、「事業の発展・収益改善・コスト削減を目的とする計画の提案」という共通のゴールを設定し、「時間的余裕はない。事態は切迫し、何よりも優先して適切な解決策を編み出さなければならない」と檄を飛ばしました。

クロス・ファンクショナル・チームは次の十の課題ごとに編成されました。

⑴事業の発展　⑵購買　⑶製造・物流　⑷研究開発　⑸マーケティング・販売
⑹一般管理費　⑺財務コスト　⑻車種削減　⑼組織と意思決定プロセス　⑽設備投資

各チームは、収益改善とコスト削減方法の検討に入りました。各チームには、議論をまとめあげ、具体的な解決策を策定する役割を担う「パイロット」を置きました。

幾度となくミーティングが開かれ、おびただしい議論がかわされ、検討が重ねられました。ひっきりなし

に一進一退を繰り返し、計画を作成し、ゴーン氏と副社長に提出されました。

作業は、現実的な計画ができたと判断されるまで行うことになっており、結局、九月末まで行われました。三か月の間に、直接かかわった人数は二〇〇人、この他に何百人もの社員が計画作りに貢献し、延べ二千件のアイデアが検討されたといいます。ゴーン氏は日産の社員の能力を信じていましたが、この成果を見て、その確信をさらに深めたといいます。こうして、具体的な改善計画が、多くの社員の参画する中で煮詰められていったわけです。ゴーン改革の最大の成功要因は、トップのリーダーシップとともに、**改善点の発見と改善行動を社員の参画のもとで展開することによって、無気力な社風を改善し、社員を熱く燃えさせる仕掛けをした**ことにあったといえます。

9. 新しい方針を内外に宣言

ゴーン氏は、二〇〇三年一月にアメリカのデトロイトで開かれた自動車ショーでスピーチを行い、日産自動車の方針を説明するとともに、新たに販売するトラック「タイタン」にふれ、「日産は、大型トラックの購入者が何を望んでいるかを徹底的に調べ、喜んで選んでいただけるトラックを作りました。この車を見てもらえれば、日産の復活が分かります」と述べ、「今後の日産自動車は、情報、業績、魅力的な商品、まだ満たされていない要求に注意深く耳を傾けるなどの取り組みを、いかなる新車に対しても、いかなる車種にも、いかなる市場においても、常に最善を尽くし挑戦を続けます」と発表しました。これは文字通り、「お客様が望まれる車しか作らないメーカー」として日産が生まれ変わったことを内外に宣言するスピーチでもありました。

Ⅱ　高塚猛氏の企業再生手法

企業再生を行うには、問題のある場所を発見して、その部分を切り離し、優良部分を残して再生するという手法がよく行われます。この方法は、西洋医学の外科手術の方法によく似ています。この手法は、第一節で取り上げたカルロス・ゴーン氏による企業再生でも行われています。これに対して、社員の解雇などの外科的手術を行わず、今ある諸条件を生かす東洋医学的な方法で企業再生を軌道に乗せた人物がいます。前ダイエーホークス球団社長高塚猛氏がその人です。

1．過去と他人は変えられないが、自分と未来は変えられる

高塚猛氏は㈱リクルートにアルバイトとして入社、弱冠二十二歳で福岡営業所長として赴任し、その立て直しを行い、二十九歳で再建不能といわれた盛岡グランドホテルの再建を任され、わずか一年で黒字化を実現しています。その経験と力量を買われ、ダイエーオーナーの中内㓛氏（当時）から福岡三事業（シーホークホテル&リゾート・ダイエーホークス・福岡ドーム）の再建を依頼されたのでした。

高塚氏の企業再生の手法は、「過去と他人は変えられないが、自分と未来は変えられる」という言葉に端的に表されています。つまり過去を否定せず、人やモノの長所を認め、隠された真の力を引き出すという方法です。

そして組織体全体の有機的関連性を何より重要視し、全体の働きを活性化させる中で、利益の向上を目指していくというものです。この手法は東洋哲学の考え方に近く、二宮尊徳の中心思想である「報徳一円」の考え方に相通ずるものです。

2．社員の誇りと使命感を喚起せよ

高塚氏は、ダイエーの福岡三事業再生に当たっては、社員全員の意識統一が必要であると考え、次の三つを社員に訴えました。

(1)「赤字は恥ではない」

過去の失敗を責めることは、過去からいた社員を責めることにもつながります。だから「赤字は恥ではない。しかし**赤字を直そうとしないことは恥である**」と語っています。つまり、過去をいくら責めてみても変えようがないが、どのようにでも変えられる未来を変えようとしないのなら、それこそ恥であるということです。

(2)「この会社の社員であることに誇りをもつ」

再生は、自信と誇りをもった社員が中核とならなければならない、との信念を高塚氏は持っています。

会社は、第一に社員のために存在し、第二に取引先のために存在し、第三にお客様のために存在するとも言っています。

(3)「地域社会に貢献する」

地域社会に役立っているという実感・誇りを社員自身がもつことが大事であるとしています。

高塚猛語録

・過去と他人は変えられないが、自分と未来は変えられる。
・赤字は恥ではないが、赤字を直そうとしないことは恥である。
・金は使うべきところに使う、人の意識を変えるために使う。
・「あなたがそこまで勧める商品だから買おう」という時代だ。

3．マイナス情報を全社員に知らせよ

ネガティブな情報を社員に公開することに抵抗を感じる経営者がいますが、高塚氏はありのままの現状を、全社員に知らせました。その理由は**「組織の力を高めるのはコミュニケーションとコンセンサスの二つだ」**との確信があったからです。それまでは大赤字の実態があったにもかかわらず、その事実は社内の経理部員と取引銀行しか知らない状態にありました。社員自身が、赤字の事実・原因を分かっておらず、多くの社員が、自分は利益をあげていると思い込み、悪いのは自分以外の部門だと錯覚していました。これ以上働くのはバカバカしいと感じている社員が多く、職場には沈滞ムードが漂っていました。しかし、マイナス情報がすべて公開されたことによって、初めて**社内が一致団結する条件が整いました。**そこで高塚氏は「三年後には黒字化する」と社員の前で、具体的な目標を宣言しました。

4．社員は認めてほめろ（人たらしの極意）

社員が本当にやる気をだすのは、**組織内でかけがえのない人間と認められ、役に立っていると実感したとき**ではないでしょうか。その点を認め、ほめてやることによって、人は育っていきます。高塚

氏の、人材活用・人材育成法の真髄はここにあります。

福岡に赴任した高塚氏が最初にしたことは、社員全員の顔と名前を覚えることでした。社員の写ったアルバム写真と名前の入った組織図で顔と名前を記憶し、携帯電話を有効に活用して、こまめに連絡を行い、実際に現場に足を運び、一人ひとりの社員の働きぶりを見て、良い点があればその場でほめました。

これは、高塚氏が、盛岡グランドホテルの再生を担当したときのエピソードですが、社員からの一律五千円の賃上げ要求に対して、一万円の賃上げを約束したことがありました。要求に対して、当然、何らかの抵抗を示すことを予測していた社員たちは、意表をつかれて驚き、俄然やる気を出したといいます。

高塚氏は**「金は使うべきところに使う、人の意識を変えるために使う」**と言っていますが、なかなかできることではありません。しかし、決して社員に迎合しているわけではありません。高塚氏の真骨頂は、**人を大切に扱うことによって、一人が二役三役を当たり前のようにこなしていき、結果として生産性は向上する**ことを確信している点にあります。「企業は『人を止める業』と書くのだから、従業員を大切にしない会社が発展するわけがない」（『商売魂』）とも語っています。

5．各部門の縄張り意識（セクショナリズム）を壊せ

部門別会計は部門ごとの経営実績や、採算性等を明確にするために非常に有効な方法ですが、福岡三事業ではセクショナリズムが横行し、他部門に対する協力などしなくても当たり前という悪しき傾向が強く、ホテルとドームの間、さらにはホテル内部でも、レストラン部門と宿泊部門間では、互いにお客様の紹介すらしないという現実がありました。設備産業では、**黒字化のためには総合力を結集し、遊休部分を最小化し、設備を有効活用することが非常に重要です。**高塚氏は、こうした縄張り意識をなくすために部門

別会計を中止し、全社一丸の協力体制を作り上げていきました。

6. 利益率改善の仕組みを作れ

月次決算を正確に行うためには、月末在庫を把握することは常識です。しかし、高塚氏はこの常識を撤廃して、買った時点で仕入れを計上し、売った時点で売上げを計上することにしました。

在庫を計算すれば、前月と比較し増加すれば利益があがります。しかし、在庫を計算しなければ、後先を考えず過剰な仕入れをした場合、その月の利益は大幅に減ってしまいます。逆に利益を減らさないためには、今までの仕入れを使って商品化すれば、利益率は良くなります。こうして**「在庫を減らすことはよいことだ」**というインセンティブが社内に徹底され、キャッシュフローも改善されていきました。なお、この会計手法は第二章第六節で説明する**「スループット会計」**の考え方に一致するものです。

7. 適切な商品観・顧客観を持て

高塚氏は『いい商品だから買う』という時代は終わり、『あなたがそこまで勧めてくれる商品だから買う』という時代がきているとして、本当に優れた商品とは、商品そのものの機能ではなく、そこに込められたメッセージの良さや豊かさであり、それが社会に役立つものであれば売れるのだと指摘しています。

また、過去がモノによって豊かさを実現する社会だったとすると、これからは人それぞれが自分の思いで豊かさを受け取る時代であり、一%か二%の人が納得できるような状況を作ることも積極的に考えていくべきだといっています。そして、同一客が繰り返して買うリピートの他に、感動したお客様が次々と口コミで伝えていくことの効果を強調しています。

8. 社員とともに一丸になれ

盛岡グランドホテルにしても、福岡三事業にしても、高塚氏が手がけた再生事業は、外科的な現状変更を行わずに、短期間で実現しているため、よくミラクルやマジックなどと表現されますが、その手法は極めて、オーソドックスであり、当たり前のことを当たり前にやっているように思われます。

企業経営の成果は、社員とともに一丸となって邁進しなければ実現できません。**コミュニケーションとコンセンサス**を重視し、トップが自ら行動する中で、直接的に社員の意識と行動の活性化を促していくことこそ、高塚式企業再生の真骨頂であるといえるでしょう。

第2節　社長は社長の仕事をせよ

継続して伸びている企業を見ると、その多くは社長が文字通り「経営」をしており、これに対して、伸び悩んでいる企業の場合は、社長が**「経営」を行わず、「内部管理」だけを行っている**例があります。

では、「経営する」ことと「内部管理をする」ことの違いはなんでしょうか。

管理とは、**計画し、実行を促し、コントロールすること**を指します。さらに内部管理とは、社員が能率的に行動しているか、諸設備が効率的に機能しているかなどを点検・是正することをいいます。もちろん、このような点検は必要なことですが、それが経営者の仕事のすべてであると錯覚して、社内の内部管理にばかり細かく目を向けている経営者がおられます。しかし、このような企業は成長しません。内部管理の仕組みを作るなりして、社長が総合的な立場から前向きな経営戦略を考え、実施する体制を作り上げることが大事です。

＊「内部管理」も行わずに、「作業」に忙殺されている社長もいます。小規模企業ほど、人の二倍三倍働いている社長、誰よりも早く出社し、休日さえ取らず働いている社長が多いのではないでしょうか。実務に専念することも必要ですが、それだけでは、社長の役割は果たせません。

最大の仕事は「顧客の創造」

ピーター・F・ドラッカーは、**「経営とは、顧客の創造である」**と説いています。顧客が増加し、かつ、繰り返し買ってもらえる仕組みを作り上げることが経営であり、**経営者の仕事とは、儲かる仕組みを作り上げること**なのです。このような「経営」は、すればするほど儲かり、「内部管理」は、すればするほどお金がかかります。内部管理は必要ですが、それ自体が目的化し、そこに時間をとられ過ぎては、本来の経営目的を達成することは困難です。

儲かる仕組みは、他社にない**独自の価値を社会に提供**しなければ実現できません。独自の価値とは、具体的には、次の三つの要素を指します。

① 業務の卓越性
② 緊密な顧客関係
③ 製品の優位性

これらを、「**バリュープロポジション**」と呼んでいます。

「**業務の卓越性**」とは、文字通り、受注、生産、納品、苦情処理などの面で他社の追随を許さない業務品質を提供する仕組みを作り上げることです。例えば、パソコンの製造・販売で有名な米国のデルは、受注・納品のプロセス革新を行い、インターネットによる顧客からの注文に迅速に応え、低価格を実現したことによって、圧倒的な優位を築きました。

「**緊密な顧客関係**」とは、顧客関係を強化し、「個」客に対し、徹底したサービスを行うことで、固定客

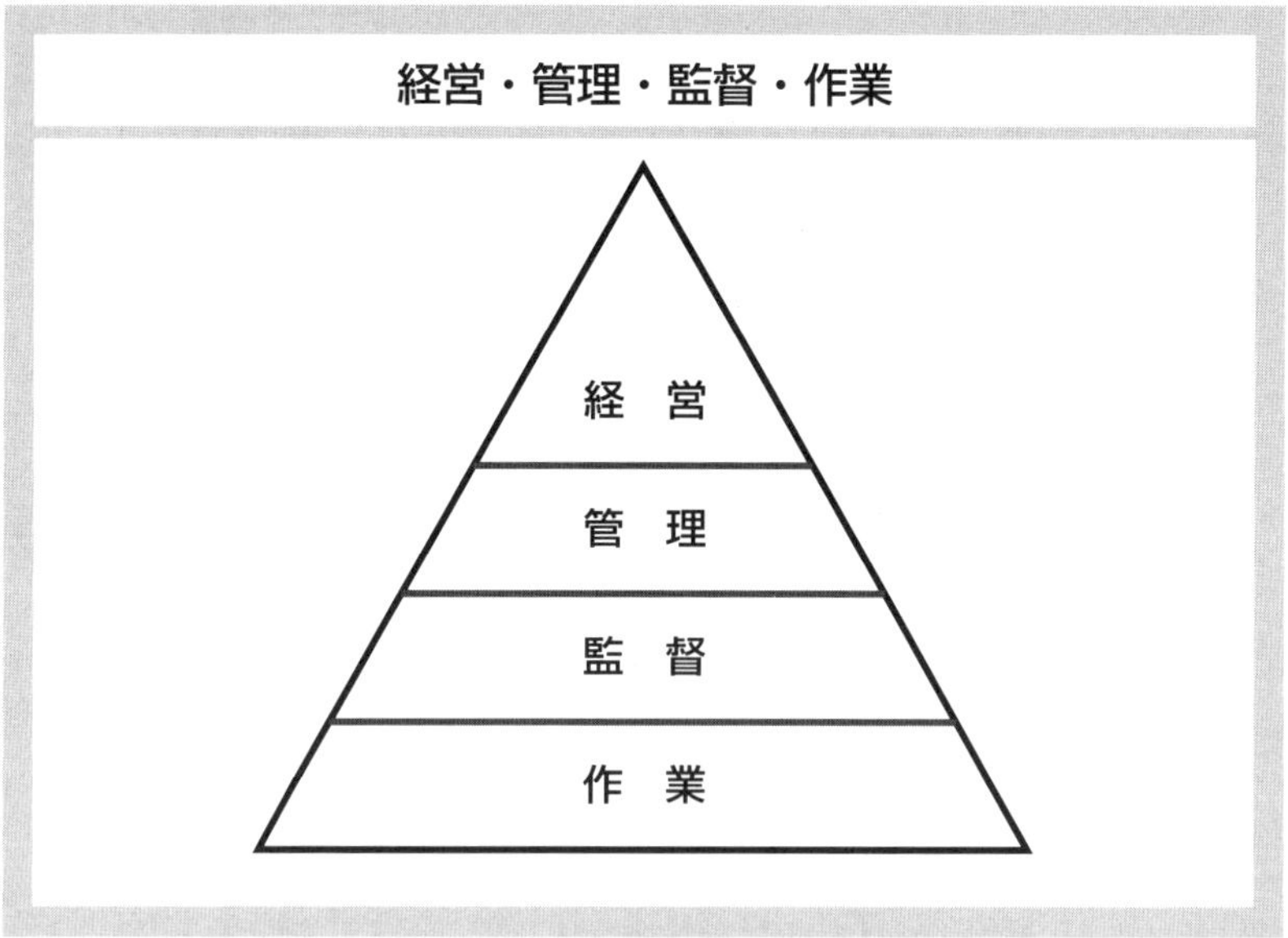

を獲得し、他社との差別化を行うものです。人間関係重視の戦略といってもよいでしょう。

「製品の優位性」とは、他社の真似のできない製品を開発提供することをいいます。日本の中小製造業の中には、この点で、世界に知られた企業も少なくありません。

このように、社長の仕事とは、顧客の創造＝儲かる仕組みを作り上げることであり、自社にしかできない、独自の価値を発見・創造して、社会に提供することではないかと述べてきたわけですが、それならば、そのために具体的に何をすればよいのでしょうか。

社長には、6つの仕事がある

社長のなすべき仕事には、大きく分けて六つあります。

社長の仕事①
経営理念を決め、企業に命を吹き込め。

国家の憲法のように、組織体には意思決定の指針となるものが必要です。企業にとっては「経営理念」がこれに該当します。仮に経営理念がなくても企業経営を行うことは可能ですが、経営理念が明示されていない場合は、社長の日々の言動等から、社員が勝手な思い込みの行動原則を選び取ってしまう場合があります。これを「疑似理念」といいます。例えば、「収益性の徹底的な追求」といった疑似理念が社内に蔓延してしまえば、社員によって、顧客満足にもとる行為や、法令を逸脱する行為が行われようとしても、これを止めるブレーキにはなり得ません。

経営理念は、社長の志・人生観・経営観が投影されるべきものですが、企業が社会的存在であることを考慮すれば、『社会への貢献』ははずせないものです。

組織に命を吹き込む

社長は、さまざまな場面において、経営理念を全社に浸透させる努力をしていかなければなりません。松下幸之助氏は、企業経営の成否の五〇%は経営理念の浸透度で決まり、社員のやる気を出す仕組み作りで残りの三〇%が決まり、戦略・戦術は残りの二〇%であるといっています。また、最近では産能大学の宮田

社長の6つの仕事

① 経営理念を決め、組織に命を吹き込む。
② 経営戦略を決め、実行する。
③ 適正利益を確保する。
④ 組織を活性化させる。
⑤ 顧客を定期訪問する。
⑥ 学習と成長の仕組みを作る。

矢八郎教授が、『収益結晶化理論』（ダイヤモンド社）において、**「理念は独自性を生む」**として、企業経営における経営理念の有効性・重要性を実証研究から指摘しています。

経営理念はどちらかというと抽象的な内容ですから、これを中期的に具現化すべき目標として**「経営ビジョン」**を策定すべきです。ビジョンは、中期的に企業が到達すべきポイントを描いたグランドデザインですので、全社員が一丸となって、その達成に向けて邁進していくことになります。なお、このビジョン策定は幹部社員とともに行うこともよいのですが、最終的な決定は社長の責任において行うべきです。

どのような組織でも命を吹き込まなければ活動し始めません。この**経営理念・ビジョンを決定し、浸透させることは、まさに「組織に命を吹き込む」ことを意味します。**

社長の仕事②
経営戦略を決め、実行せよ。

経営戦略というと、難しい話のようですが、端的にいえば、「経営理念」や「ビジョン」を実現するための「道筋」のことで

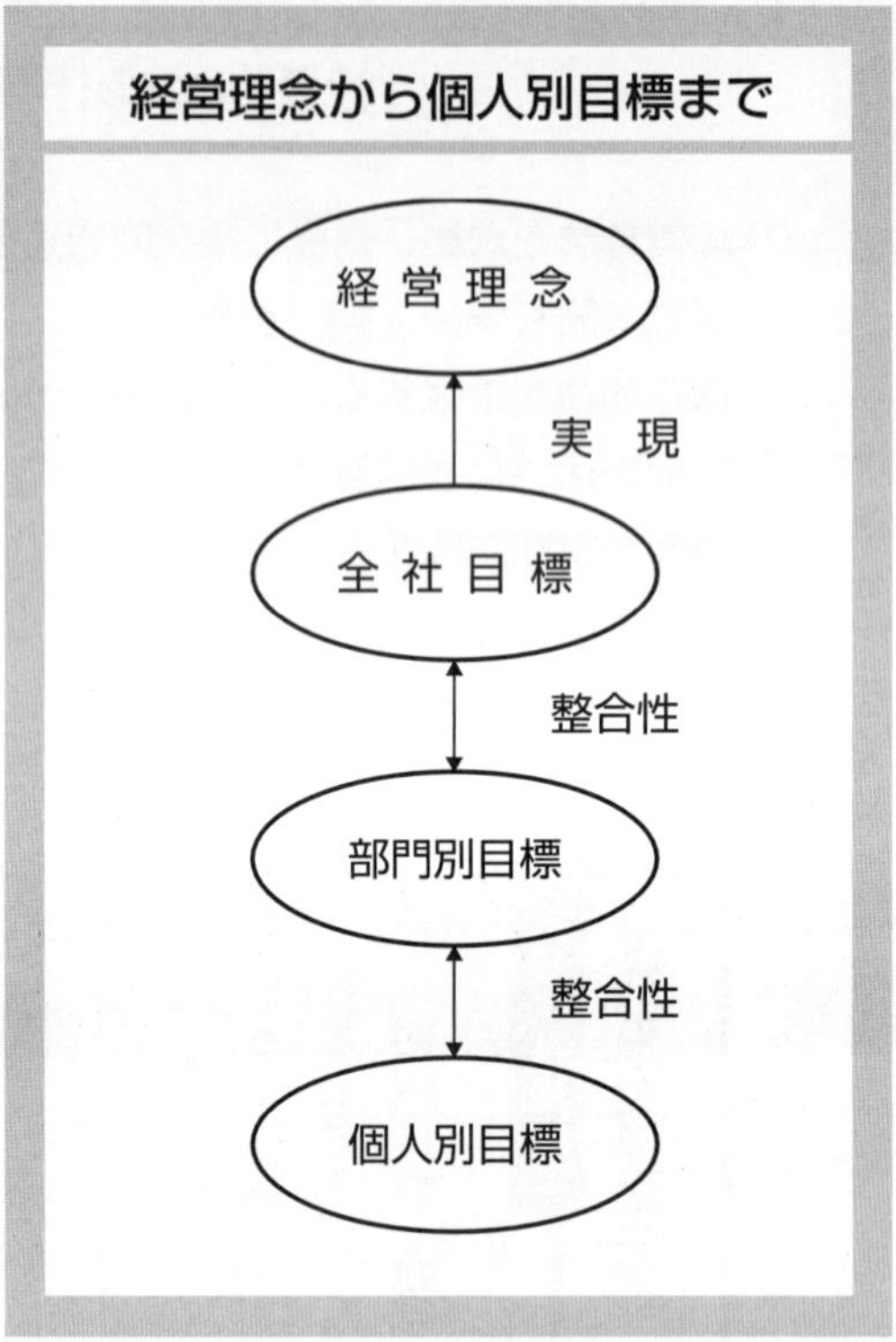

す。例えば戦争において、

①誰を相手にし、誰と組むか。
②どのような武器を使うべきか。
③どこまで戦場を拡げるか。
④どのような陣形を組むべきか。
⑤兵糧・兵站はどうするか。
⑥スケジュールはどうするか。

などを緻密に検討した上で決定し、周知徹底させている部隊と、たとえ個々人の力は強くても、力まかせに攻めていくタイプの部隊とでは、その強弱は明らかです。

中小（特に零細）企業の経営者は、この「戦略」ないし「戦略的思考」がおろそかになっているきらいがあります。かつての高度成長時代のように、黙っていても売上げが増加していった時代には、「その仕事をいかにこなすか」すなわち、仕事の標準化や効率化が最重要テーマでした。

しかし、時代は変わり、ドラッカーのいう**「顧客の創造」が必要とされる時代が来た**のです。

PPM（商品ポートフォリオ戦略）の考え方

市場競争力（相対的マーケットシェア）

		高い（強い）	低い（弱い）
市場成長率	高い	ヒット商品として売上は伸びているが、販売コストも大きい。 **花形商品**	追随商品なので売上はいまいち、利益は生まない。 **問題児**
	低い	売上は鈍化したが、コストは適正なので大きな利益を生む。 **金のなる木**	中途半端なので売上は小さく、赤字が続いている。 **負け犬**

出典:J・C・アベグレン『ポートフォリオ戦略』

優れた戦略は、飛躍から生まれる

優れた経営戦略はどうしたら生まれるのでしょうか。「戦略は過去の延長線上には生まれず、飛躍から生まれる」といわれています。すなわち、経済社会環境の変化を踏まえた**状況判断と熟考**から戦略は生まれます。名将ナポレオンは、戦場において**瞑想すること**によって百戦百勝の戦略を編み出したといわれています。瞑想や坐禅等によって精神統一を行うことも効果的といわれています。優れた戦略は、経営者自身の**自分との対話**の中から生まれるものなので、他人から借りてそのまま適用できるようなものではありません。

このようにいうと、経営戦略を立てるのは難しいと考える人もおられるかと思います。そこで、理解しやすいように、戦争時の戦略を現代の経営戦略に当てはめてみましょう。経営戦略とは、要するに**「限りある経営資源を効果的に割りあてるための思考の枠組み」**ということができます。

(1) 誰を相手にし、誰と組むか……効果的なアライアンス戦略

自社の強みに特化し、他社と効果的に提携を行い、相乗効果を狙うことです。

(2) どのような武器を使うべきか……商品戦略

最新戦闘機に竹やりで向かっていっても負けることは必定です。商品が陳腐化していないか、いずれの商品に力を入れるべきか。これを検討し、判断するためのツールとして、**「プロダクト・ポートフォリオ・マネジメント（PPM）」**による商品分析方法があります。

(3) どこまで戦場を拡げるか……事業ドメイン・顧客戦略

事業ドメインとは、わが社の本当の顧客は誰かを定義することです。例えば、同じ住宅事業でも、子育て時代の世帯では、比較的低価格住宅を望むでしょうし、ある程度の資産家層では、高価格でも快適、安全などをより重視することでしょう。**ドメインによって、おのずから、必要とされる資源や人材の力量・知識、広告宣伝方法などが異なってくる**のです。

(4) どのような陣形を組むべきか……組織戦略

組織は戦略に従うとされています。絞り込んだ商品やマーケットによって、最適な人事配置は変わります。また社内で作るか、外注するか、自社だけで販売するか、アライアンスを組むのか等によって戦略が異なってきます。

業種別（大分類）の売上高経常利益率

業　種	売上高経常利益率		1人当たり経常利益額（月）千円
	黒字企業平均	優良企業平均	
建設業	2.4%	6.7%	134
製造業	3.8%	9.3%	167
卸売業	1.9%	5.1%	228
小売業	2.0%	5.5%	114
飲食店・宿泊業	3.0%	7.8%	65
サービス業	3.9%	8.3%	125

『TKC経営指標16年版』より

(5) 兵糧・兵站はどうするか……財務戦略・ロジスティクス戦略

財務戦略とは、戦略実現のために資金面での調達・運用を決めるものです。例えば、研究型のベンチャー企業であれば、製品化に時間がかかるため、資金調達は金融機関等からの借入れによるのではなく、直接金融による調達が望ましいといえます。また、戦略を実現するために効率的なロジスティクスを構築することも大切です。ロジスティクスとは、必要な物資をタイミングよく補給する仕組みのことであり、「物流」より広い概念です。

(6) スケジュールはどうするか

立てた戦略をいつまでに実行するかを決めます。目標達成期日を決定することによって、スケジュールの細目が決まっていきます。

経営戦略を具体化する

いくら素晴らしい経営目標を掲げたとしても、それを咀嚼《そしゃく》して末端まで示さず、その達成のための方法論を提示しなければ経営目標の達成は困難です。

自社の基本的な経営戦略を決定したら、これを具体的な経営計画に落とし込みます。そして毎月、実績と対比させ、達成度合いをチェックするとともに、軌道修正や追加的な方策を講じていきます。

経営計画は、目標達成のために必要であると同時に、経営戦略を社内に浸透させる格好のツールでもあります。

社長の仕事③

適正利益を確保せよ。

ピーター・F・ドラッカーは、「利益の本質は未来費用である」と言っています。

利益は、未来に向かって企業の原動力となるものであり、企業の存続・発展のためには、利益の拡大は不可欠といえます。いくら高邁な理念を説いても、結果として利益が出なくては、経営者としては失格です。儲かる仕組みを作り、適正利益をあげていくことこそ、経営者の大事な仕事です。

二宮尊徳は、このことを**「経済を忘れた道徳は寝言、道徳を忘れた経済は罪悪」**と説いています。

また、尊徳は、自然の摂理（四季）から啓示を受け、収穫の四分の一は残すようにともいっています。現代流にいえば、売上高の二五％は利益として残せ、ということでしょうか。前出の高塚猛氏は**「利益とは社員が幸せになるための手段」**と言っています。

適正利益がなぜ必要なのかは、適正利益がなかったらどうなるかを考えれば理解できます。適正利益が確保できなければ、次のような現象が生じかねません。

集団活性化の条件

① 目標を設定する。
② 会社の情報を公開する。
③ 経営参画意識を育てる。
④ 競争原理とインセンティブ等を導入する。
⑤ 社員満足度を高める。

・昇給、賞与原資がない。
・機械設備の更新もできない。
・資金不足が生じる。
・倒産の危険性が高まる。

企業を存続・発展させていくために、必要な「適正利益」とは、どの程度が望ましいのでしょうか。企業は、計上した利益から税金を納め、株主に配当し、かつ、将来のために内部留保をします。これらを満たす金額を計上しなくてはなりません。

二七頁に参考として、『TKC経営指標16年版』の業種別大分類の売上高経常利益率を紹介しておきます。また、優良企業については、一人当たりの経常利益額（月）を示しました。

社長の仕事④ 組織を活性化させよ。

企業は人間の集合体であり、その構成員のやる気を引き出せば、生産性は高まり、成果は倍加されます。例えば、戦国時代でも、大きな勢力を誇った武将の多くは、人心掌握（人たらし）に優れていたといわれています。

この原理は今も変わっていません。機械は性能が限定されているので、生産性が大きく上下することはありませんが、人間は意識によってその生産性がマイナスにもプラスにも大きく振れます。したがって社員のやる気を引き出し、社内を活性化させる仕組み作りは社長の重要責務の一つです。

集団活性化の条件

(1) 目標を設定する

社内の活性化のために、まず社長がなすべきことは、**目標設定**です。

目標がなかったり、目標があいまいな企業は、成り行き経営になってしまいます。しかし経営環境は成り行きでうまくいくほど甘いものではありません。企業に明確な達成目標がないと、毎年、一年の繰り返しをしているに過ぎず、企業も人もスパイラルアップできず、現状維持あるいは退歩につながってしまいます。

しかし仮に目標を立てても、それが、単なるお題目や願望のレベルにとどまっていては意味がありません。社長はもとより、全社員が目標の達成に向けて強烈な意欲をもつことが、大前提です。

強烈な意欲は信念となり、強烈な信念は執念になるといわれています。

かつて万年最下位といわれた、滋賀ダイハツ販売を優良企業に転換させた、後藤昌幸社長（現グループオーナー）は、売上目標が未達になりそうな場合、社長自らが車と関係のない商品までも仕入れて販売し売上げを作ったといわれています。この執念が同社を再建させました。

目標設定は、経営理念を具現化するものであり、全社に浸透させてこそ意味があります。すなわち、目標を目標として機能させなければなりません。そのためには、大きな目標は、部門別、各人別にブレークダウンしなければなりません。

⑵ 会社の情報を公開する

第二の基本条件は、「情報の公開」です。例えば、全社の売上高目標や利益目標を掲げたとしても実績をタイムリーに公開しなければ、社員は会社が現在どこにいるのかが把握できず、結果として挑戦意欲も湧いてきません。

ところが、中小企業では、特に会社の財務情報を、公開したがらない傾向が見られます。その理由の多くは、社員に会社の実情を知られたくないというもので、中でも「役員報酬や交際費を知られたくない」と考えている経営者がおられるようです。

しかし、こうした情報を社員に知られることのデメリットと、公開することによって期待できるメリットとを比較すれば、**あらゆる意味で情報公開をしたほうがプラス**であるといえます。

① 情報公開に当たっての留意点

しかし、そうはいっても、社員からの無用の誤解を避けるためには、情報公開に当たって留意すべき事項があります。

例えば、経営者の「役員報酬」を公開すれば、自分の支給されている給与等と比較した社員から、高額であるとの反応や反感が予想されます。この点については、役員報酬の性格を事前によく説明しておく必要があります。すなわち役員報酬には、政策経費の性格が強く、必ずしもすべてが生活費に当てられるものではないことを説明しておくべきです。

事実、中小企業の経営者には、役員報酬を全額持ち帰らずに、社内に積み立てておき、適時、自己資本に組み入れている例が多くあります。この他、自宅の担保提供や保証をしているケースが一般的であり、これらの大きなリスクを負っているために、一定の金額の役員報酬は不可欠です。

しかし、このような説明を社長自身がするのではなく顧問の会計事務所等の社外の人に説明してもらうと、客観性が加わるので、とても効果的です。

この他に、情報公開に当たっての事前の説明では、次のポイントをよく説明しておきましょう。

① 会社の存続・適正成長には適正利益の確保が不可欠であること。適正成長の実現は、社員自身の長期的な安定に直結すること。

② 「適正利益額または利益率」の認識を、社員全員で一致させ、共通の達成目標とすること。

(3) 経営参画意識を育てる

人間は、組織内で重要な一員と認められることによって、やる気を出します。前出の高塚猛氏は**「見てあげることが最高の教育で、見られることは最高の学習である」**として、社員の働いている現場にいって、良いところがあれば、その場でほめるなどして、社員のやる気を引き出しています。このような個別の対応の他に、社員の参画意識を育てる方法を検討・実行しましょう。

社内情報公開に並行して、経営計画策定会議への参画、経営計画発表会の実施、日常業務の改善点を提案する提案制度の導入、社内プロジェクト活動など、さまざまな方法が考えられます。なお、社内会議を開催する場合は、社長の独演会にならないように注意し、積極的な発言ができる雰囲気を作り、勇気を持って発言した社員については、頭から否定せず、認める姿勢が必要です。

(4) 競争原理とインセンティブ策を導入する

集団の活性化のためには、競争原理を働かせて、インセンティブ・システムを導入することも必要です。競争原理が働かないと、一所懸命やった人とやらなかった人の差がつかないので、悪平等になってしまいます。

なお、インセンティブというと金銭（給与等）や名誉（地位等）などの目に見えるインセンティブを連想しますが、それ以外に次のようなものがあります。

① 評価的インセンティブ（上司や同僚からのポジティブな評価）
② 人的インセンティブ（職場での良好な人間関係）
③ 理念的インセンティブ（経営ビジョンや組織の価値観）
④ 自己実現インセンティブ（社員の自己実現を可能とするような職務）

成果主義の弊害に注意

インセンティブ策は、業種業態によって色々な形態があります。金銭的なインセンティブ策としては、例えばスーパーなどでは、一日の売上げが目標達成した場合に「大入袋」を支給するなどの方法があり、目標達成度に応じて賞与を支給するなどしている企業もよく見受けます。成果主義には、「成果を上げた社員を、そうでない社員より金銭的に厚く報いることにより、公平感を高めることが社員のやる気につながる」とい

「動機付け要因」と「衛生要因」

要　　因	意　　　　義	例　　　　示
動機付け要因	組織内にそろうと社員が動機付けられる要因	・業績の達成 ・承認（業績の評価） ・仕事そのもの ・責任と権限 ・昇進
衛生要因	組織内にそろえておかないと社員のモラールが下がってしまう要因	・会社の方針 ・監督 ・給与 ・対人関係 ・作業条件

う考えがベースにあります。しかし、これが行き過ぎると、自分のことしか考えず、後輩や部下を育てようとしない傾向が生まれ、社内がギスギスしてしまう危険性があります。過度な成果主義は、「和を以って尊しとなす」日本の風土にはなじみにくいのかもしれません。

「動機付け要因」「衛生要因」が、やる気のキーワード

ハーズバークは、「成果に見合った正確な評価・給与は社員の動機付けにならない」と指摘しています。彼によれば、社員のモラールを左右するものには、「動機付け要因」と「衛生要因」があるとし、実証研究の中で次のように結論付けました。すなわち、「動機付け要因」は仕事それ自体であり、「衛生要因」は環境要因で、後者を整備することで職務に対する不満を予防し、前者に配慮することで、個々人のやる気を高めていくというものです。

(5) 社員満足度を高める

「幸せな人にしか人を幸せにできない」という言葉があるように、満足度の高い社員でなければ、顧客満足の向上を追求することは困難です。つまり、顧客満足を高めるには、その前提として社員にやりがいを与えることが重要であり、人作りのために時間と金と心を有効に使うことが大事であるということです。

特に受注型の事業では、社員の業務能力の高さ、さらに総合的な人間力の高さが発展の鍵となるので、効果的な社員教育等が不可欠です。

前述したように、社員の満足は給与だけではありません。たとえ高い給与であっても処遇が不公平であれば、満足は得られないことは、前出の「動機付け―衛生理論」で説明した通りです。

社員の受け取る報酬には、給料、福利厚生などの金銭報酬だけでなく、自己の成長や困難な業務を達成するときの達成感も含まれます。特に「マズローの欲求五段階説」にあるように、高次のレベルの欲求をもつ社員にとっては後者が重要です。

今後は、**マニュアルや命令に従って「動く」社員と、創造性を最大限発揮して、自己実現を図りつつ、会社にも社会にも貢献する社員とに二極化**していくことが予想されます。このような状況では、次のような施策を講じなければ、意欲の高い社員を確保できません。

- 公正な給与体系、処遇制度を作る。
- 研修等（人間教育）を強化し、自己の成長をサポートする仕組みを作る。
- 挑戦意欲のわく、新たな仕事を作り出す、与える（職務拡大）。

社長の仕事⑤

顧客を訪問せよ。

企業は社会に対して有用な価値を提供していかなければ、その存在は受け入れられません。すなわち顧客の満足度を高め続けることが存続条件の一つです。

顧客満足の向上には全社で取り組むことが必要ですが、社長自身が、その「仕組み作り」に積極的に関与するべきです。例えば、商品やサービスの品質を高めることで顧客満足を実現する仕組みであるＩＳＯ９００１の導入においても、その品質管理責任者は管理職に任せても、経営者自身が積極的に関与すべきだとしています。

穴熊社長にならないように注意

社長室に閉じこもり、内部管理ばかりを行っていては、道を誤ります。**すべての解答は現場に詰まっており、その最たる源泉が顧客**です。したがって、トップは必ず顧客訪問をしなければなりません。

そういうと、トップセールスを行えといっているように受け取られるかもしれませんが、セールスが目的ではありません。人間には「自分にないものは見えない」という法則があるようです。**トップでなければ気づかないことがある**のです。社長による**顧客訪問の目的は顧客のシーズやニーズを直接感得すること**にあります。

ときには、取引をやめる決断も必要

前向きなことばかりではありません。例えば、特定の顧客との取引をやめるといった判断も、社長の行うべき意思決定の一つです。こうした判断の基準は、経済的な尺度（顧客の利益率が低いなど）も当然ありますが、非経済的な尺度から行われる例もあります。例えば、イエローハットの相談役・創業者である鍵山秀三郎氏は、ある時、相当大きな売上実績を占めていた、ある大手スーパーとの取引をやめました。現場に身を置いた鍵山氏は、そのスーパーと取引することによって、社員の心が荒み始めているという事実に、気づいたからです。

鍵山氏の決断は社員のやる気をさらに引き出し、その後の発展につながっていきました。このように経営者は、顧客や現場に身を置くことによって、より的確な意思決定ができるということを、忘れてはいけません。

社長の仕事⑥
学習と成長の仕組みを作れ。

企業を継続して発展させるには経営者と社員の学習と成長が不可欠です。

経営者自身の研鑽方法

経営者は多忙ですが、伸びている企業の経営者ほど読書、研修、人脈作り等に熱心です。伸びる経営者の共通点は、「好奇心」と「感性」のレベルにあるのではないかと思います。何にでも興味を示す「好奇心」が強ければ、業務に直接関係ないような情報でも収集し数年後その情報が「発酵」して役立つことになるか

らです。

いくらセミナー等に出席しても経営に生かせない人もいます。その反対に「感性」を研ぎ澄まし、大量・複雑な情報の中から、自分に役立つものを見つけ出す経営者もいます。その差は、情報を「引っ掛ける」力の違いといえるでしょうか。「類は友を呼ぶ」という言葉がありますが、これは、人は自分の中にあるものしか引き寄せられないという法則性を意味しているようです。すなわち、経営者は自分自身を成長させ、器を大きくしていかないかぎり企業を成長させることもできないといえるのではないでしょうか。

社員成長の仕組みを作れ

人を育てるポイントは責任を持たせて任せることです。しかし、業務の習熟度も人によって違うので、入社当初は指示命令で仕事をやってもらうのが基本となります。習熟度が上がるにつれ、業務の範囲を拡大し、任せることが大切です。指示命令による仕事と、任された仕事を比較すると、その成果は三倍も異なるという調査結果が存在します。

「企業は人なり」といわれ、人材の育成とその成長が企業の長期的発展の礎となります。社員教育というと、実務に役立つ知識の習得を一番にあげがちです。確かにそれを否定するものではありませんが、仕事に役立つ知識の習得はビジネスマンとしては自己責任において習得すべきであり、そうした情報収集ができないようでは、ビジネスマンとして失格であるとさえいえます。

一番大切な教育は「人間教育」であり、自己の存在意義や役割に気づくことです。そして、**経営者の視線で物事を意思決定できる社員を育てる**ことが最も大切なことです。このような社員を育てるには、社長自身が、さまざまな方法で試行錯誤を行いつつ、本気で取り組むことが不可欠であるといえます。

第3節　社長が変わらなければ企業は変わらない

現在の厳しい経営環境の中で、経営者自身が、過去の慣習的な経営手法を意識的に見直し、三つの転換（**発想の転換・姿勢の転換・行動の転換**）に挑戦しなければ企業は変わりません。

Ⅰ　発想を転換せよ

1. 発想転換のポイント

(1) 「変化への対応」こそキーワード

長期的な不況を背景に、中小企業の業績も悪化し、実に全企業の約七割が赤字という、大変な状況に陥っています。開業後の経過年別残存率は、平成に入り急速に低下し、平成五年以降に設立された企業は五年で半減するともいわれています。これは企業の「幼児死亡率」が高まっているということです。また、わが国の人口は二〇〇六年以後減少に転じ、自然人口増による経済発展は望めないとの予測もあります。

高度経済成長期という、「温帯」で育った企業にとっては、突然「氷河期」へ放り込まれたようなものといっても過言ではないでしょう。しかし、どのような環境変化があろうと、これに対応できたものは生き残ります。進化論を唱えたダーウィンは「強いものが生き残るのではなく、変化に対応できたものが生き残る」との言葉を残し、「変化への積極的な対応」こそが進化の条件であることを説いています。

現代の企業もまさに、「変化への積極的な対応」と「自己革新」こそが生き残りのキーワードといえます。現在の企業は、本来の経営のあり方に向けて進化の過程にあるという見方もできます。そして、「進化」のための意思決定と舵取りは社長にしかできないのです。

(2) 守りの経営観（忍耐・辛抱）から脱皮する

厳しい経営環境の中で、多くの企業が、事業の一部整理、設備や人の合理化等により、「スリム化」を図りましたが、これからは何とか急場をしのぎきるといった、守りの打ち手だけで解決できる経営環境ではありません。攻めの打ち手の断行によって現状打破を図ることが強く要請されているのです。

努力、精進、忍耐、辛抱、我慢といった経営姿勢ではなく、創意工夫、変化対応、思考、創造といった積極的な姿勢での対応が必要です。過去の経営観を一度捨て、頭の中をいったん空っぽにしなければ、新しい経営観の入る余地はありません。

ただ、この点は成功体験の大きい経営者ほど難しいといわれています。かつて事業を成功に導いた体験の残像を拭い去るのは困難な作業ですが、時代に逆らって生き残ることのできた企業が存在しないことも歴史の語る事実です。経営革新のためには、「試行錯誤（トライアンドエラー）を繰り返していく」ことしかありません。新しいチャレンジを繰り返し、前に進みながらノウハウを積んでいくしかないのです。変化することを重くとらえ過ぎず、億劫がらず、めげずに進みましょう。

(3)「継続は倒産の道」と知ろう

老舗やある程度の実績を残した企業では、現状を大きく変えないことをもって良しとされ、「暖簾《のれん》を守る」「冒険は謹む」「看板を傷つけない」などの価値観が継承されてきました。

しかし、現在の中小企業、特に赤字体質の中小企業にとって現状維持とは、極論すれば、「継続は力なり」ではなく**「継続は倒産なり」**とさえいえます。創意工夫をせず、惰性的な経営を継続していくことは、倒産への最短距離であることを肝に銘ずるべきです。

中小企業の経営者の中には、業績不振を景気のせいにしている社長が実に多くおられます。確かに景気の低迷によって、厳しい舵取りを強いられているのは客観的な事実ですが、これまでの経営のやり方を変えずに、景気の回復を待ち望むだけでは、無策としかいいようがありません。

2. 発想転換のヒント

(1) 創業時の精神に帰れ

企業体質を変えるなどというのは、難しい挑戦のように思えます。そんなことはわが社では無理だと考えるかもしれません。しかし、中小企業では、トップが発想を変えるだけで大きな変化が生まれる可能性が高いのです。発想を変えるということは本質的には能力の問題ではありません。

まず、何もなかった創業時を思い出してください。金なし、人なし、技術なし、のないものずくめの出発だったのではないでしょうか。そうした中で、どんな創意工夫をして現状を切り開いていったのでしょうか。そのときの精神に立ち返ってみてはいかがでしょうか。

⑵ 単純化してみる

次に物事を単純化してみましょう。いったん白紙に戻して考えてみれば、複雑に見える現実も実は単純なものの集合体であることが分かるはずです。自社が直面している問題点、課題も、その重要性に順位をつけてみれば、二つか三つに絞られるのではないでしょうか。

問題点を複雑に見せている理由の一つに、過去の「しがらみ」があります。「しがらみ」を断ち切ることも重要です。

⑶ 固定概念を打破する

従来の業界等の常識にとらわれず、既成の思考の枠を越えて発想してみるということです。カルロス・ゴーン氏は企画設計、製造、販売などに分かれていた日産社内のセクションから横断的に人材をピックアップし、新しい車作りに当たらせました。それまでの縦割り組織の常識からは考えられない発想でしたが、これはみごとに功を奏しました。業界ではこれが常識なのだ、ということがあればあえてその反対のやり方に挑戦してみるのも面白いかもしれません。コスト面でも、ムリ・ムラ・ムダ（3M）を発見してカットできないかを考えてみます。この3Mはガチガチの固定概念から生まれてきていることが多いからです。

II　姿勢を転換せよ

発想の転換に続いて、経営者の経営姿勢について述べます。経営姿勢を変えるということも特別な能力を要することではありません。今まで自分が向いていた方向軸を点検し、必要があれば修正しましょう。

1．顧客に対する姿勢の転換

作る側、提供する側の企業がすべてを決めていた、プロダクト・アウト的な時代は完全に終わりました。これからは、マーケット・インすなわち、顧客第一主義の姿勢を貫かなければなりません。口でいうのは簡単ですが、長い間業界側の論理で動いてきた経営者にとって、この転換はそれほどたやすいことではありません。徹底的に顧客の側に立って物事を発想するには、技術的な方法論も必要です。この技術がマーケティングと呼ばれる分野です。マーケティングの技法については、第2章で解説しますが、例えば、顧客からのクレームへの対応方法一つにも、経営者の姿勢が反映されてしまいます。クレームは、直接お客様の声を聞ける数少ないチャンスであり、ビジネス発展の貴重なチャンスととらえ、その対応にきちんと取り組む企業は、顧客から評価され、次へのステップアップにもつながります。

2．社員に対する姿勢の転換

社員とのコミュニケーションは充分に図られているでしょうか。経営者の中には、社員と親しくしては、トップとしての威厳を保てないとあえて距離を置く向きもあるようですが、むしろ幹部クラス以下の社内会議などにも積極的に顔を出して現場の声を聞くことが大事です。自分の意見は極力差し控えて社員の発言に耳を傾けることが、社員のやる気を引き出すことにつながります。社員から見ても社長の姿勢が変わった、と感じることで士気が高まるのではないでしょうか。

3．下請先、仕入先等に対する姿勢の転換

下請先、仕入先は会社を支えてくれる大事なパートナーです。またそのように認識した上で信頼関係が

築かれていれば、彼らは会社にとって重要な情報を惜しげもなく提供してくれます。大企業ほどの情報ネットワークを持たない中小企業にとって、会社を囲む利害関係者（ステークホルダー）を味方にして情報の提供を仰ぐのはコストもそれほどかからず極めて得策といえましょう。

4．会社の決め事を守る

公私混同と受け取られる行為は極力避け、会社の決め事は、可能な限り遵守することが大事です。一例として、社長仮払金や社長貸付金が精算されずにいつまでも残されている例があります。これらはその都度、精算されるべき性質のものです。社員に対して、内部規律等を守るようにいいながら、自分だけは例外にしている経営者は、信頼されません。このような場合は、金融機関の対応もシビアで、それらの精算を継続取引の条件にすることもあります。

III　行動を転換せよ

最後は行動の転換です。いくら発想や姿勢が良くても、日常的な行動が伴わなければ完璧とはいえません。次の「会社をつぶす社長の行動パターン」と「やってはいけない3か条」を参考にしてください。

会社をつぶす中小企業の社長の行動パターン

時間を守らない。

出勤も遅く、時間にルーズな経営者では、社内の雰囲気も良くありません。一日の始まりが引き締まったものにならないからなのでしょう。

行方不明になる。

顧客をまめに訪問でもしていれば話は別ですが、社員の誰も社長の行き先を知らないというのはある意味で異常事態といわなければなりません。

ゴルフが多い。

会社の業績が逼迫して抜き差しならなくなってきた場合には、どんなに好きでもゴルフは止めるべきです。ゴルフは貴重なビジネスの時間をほぼ一日も費やす娯楽だからです。付き合いだから仕方がない、という言葉がいかに空虚なものか、本人が一番よく分かっているのではないでしょうか。

仕事と接点の少ない親睦団体等に時間をとられている。

こういった組織への加入は本業に余力があってのことです。利害関係の伴わないこれらの組織内の人間関係は居心地もよく、それなりの意義もないわけではありませんが、本業が不振であれば、見直してみましょう。

経営者として、何を切り捨てて、何を選択するかその判断を誤らないようにしたいものです。

社長のやってはいけない3か条

1）不正蓄財（脱税）

脱税等をして、不正に金銭を隠匿し、蓄財することは経営者として最もやってはならないことです。

その目的が何であれ、「自分の利得のためにやった」と見られても仕方がありません。脱税が発覚して、後継者が退職してしまった会社もあります。不正を行う社長の下で働きたいと思う人はいません。

2）公私混同

ちょっとぐらいは良いだろう。自分の会社だから良いだろう。と公私混同の誘惑にかられることがあるかもしれませんが、社長がやれば、社員もその真似をします。また、一族ばかりが得をするとなれば、社員のモラールダウンは避けられません。「子供は親のいった通りにならないが、親のやった通りになる」ものです。

3）病気

中小企業では、社長の健康が何よりも大事です。社長の顔がいつも暗く元気がなければ、社員も意気消沈してしまいます。会社の元気の源は社長です。日々健康管理に留意し、心身の健康を保ちましょう。

【参考文献】

「創造する経営者」（P・F・ドラッカー　ダイヤモンド社）
「仕事と人間性」（F・ハーズバーグ　東洋経済新報社）
「完全なる経営」（A・H・マズロー　日本経済新聞社）
「経営の思いがけないコツ」（一倉定　日本経営合理化協会）
「社長業」（牟田學　日本経営合理化協会）
「経営学大辞典　第2版」（神戸大学大学院経営学研究室　中央経済社）
「経営学100年の思想」（宮田矢八郎　東洋経済新報社）
「収益結晶化理論」（宮田矢八郎　ダイヤモンド社）
「競争戦略論」（青島矢一・加藤俊彦　東洋経済新報社）
「戦略経営論」（石倉洋子（訳）東洋経済新報社）
「戦略評価の経営学」（伊藤邦雄（訳）ダイヤモンド社）
「会社再建」（湯谷昇羊　ダイヤモンド社）
「会社を変える社員はどこにいるのか」（川上真史　ダイヤモンド社）
「企業風土診断と改善手法」（TKC全国会経営助言委員会　企業風土調査システム検討小委員会　TKC出版）
「やりなさい！　その責任は俺がとる」（後藤昌幸　日経BP社）
「企業理念」（大和信春　博進堂）
「理念経営のすすめ」（田舞徳太郎　致知出版社）

第2章

7つの着眼点

中小企業が限られた経営資源を有効に活用して、現状打破・経営革新を図るためには、経営者自身が戦略的な発想・着眼を身につけなくてはなりません。

そこで、これまで中小企業の財務体質改善を切り口に、さまざまな経営助言を行ってきた、我々執筆グループが多くの中小企業経営者と接する中で感じた、経営者の弱点や課題を検討して、経営者の「7つの着眼点」に整理してみました。

その内容は、企業活動の根幹に経営理念を据えることから始まり、経営計画を立て実行する、企業風土の改善、顧客拡大の工夫、財務データ・現場データの活用、自社の制約条件の発見・克服、資金調達の七項目です。

本章を一読される中で、自社の取り組むべきテーマを発見していただければ幸いです。

第1節　経営理念を掲げよ

1．経営理念が企業を救う！

組織にはその組織の存在意義や目指すべき理想の状態があります。これを明文化したものが組織理念であり、意思決定や行動のよりどころとなるものです。企業においては、それを「経営理念」といいます。人間に魂が宿って初めて人間であるように、企業もその魂である経営理念が宿って初めて企業としての存在価値を発揮しうるといえます。

「うちは、経営理念なんてないよ」とか「その必要性は感じない」という経営者も多いと思います。確かに経営理念がなくても企業経営はできます。しかし、**人間の心には何らかの目的や大義名分を求めて、それに向かっていくという性質があります。**

経営理念が明示されていない場合は、社長の日々の言動や背中から、社員が勝手に思い込んでしまいます。このように社員が勝手に解釈して無意識のうちに設定してしまうものを「**擬似理念**」といいます。この擬似理念の代表的なものに「**利益の追求**」**や**「**規模拡大**」があります。これらはいずれも本来手段たるべきものですが、これがすべての価値に対して最優先されてしまうと、極端な場合には顧客無視や周囲の環境との不調和により不祥事等をおこし、一朝にして崩壊するということにもなりかねません。そのような事例は、大企業においても、枚挙にいとまがありません。

一般に経営理念が不在、あるいは不明確な企業が、倒産に至るプロセスは次の通りです。

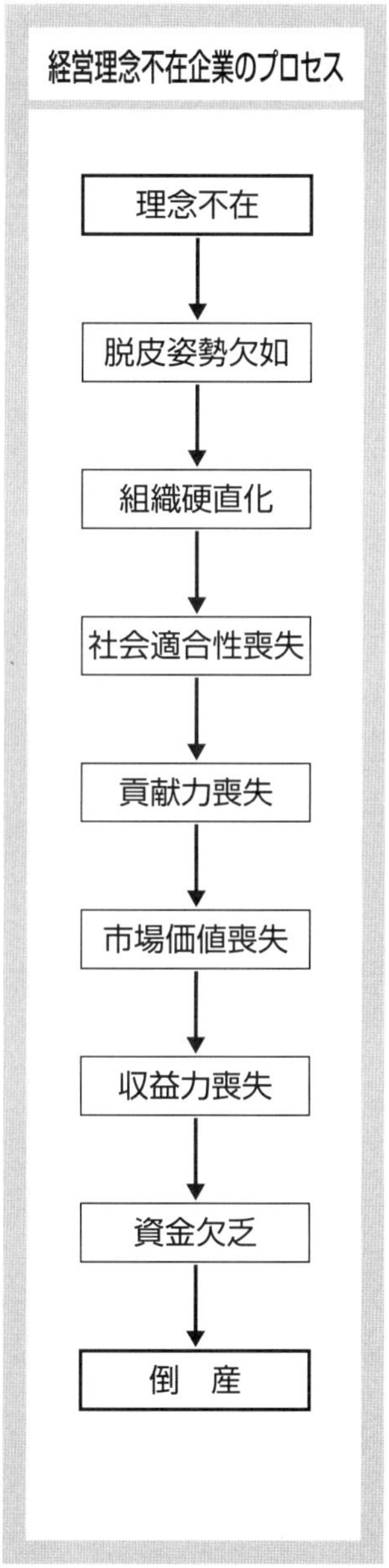

これに対して、理念が確立するとまったく正反対の効果が起きてきます。

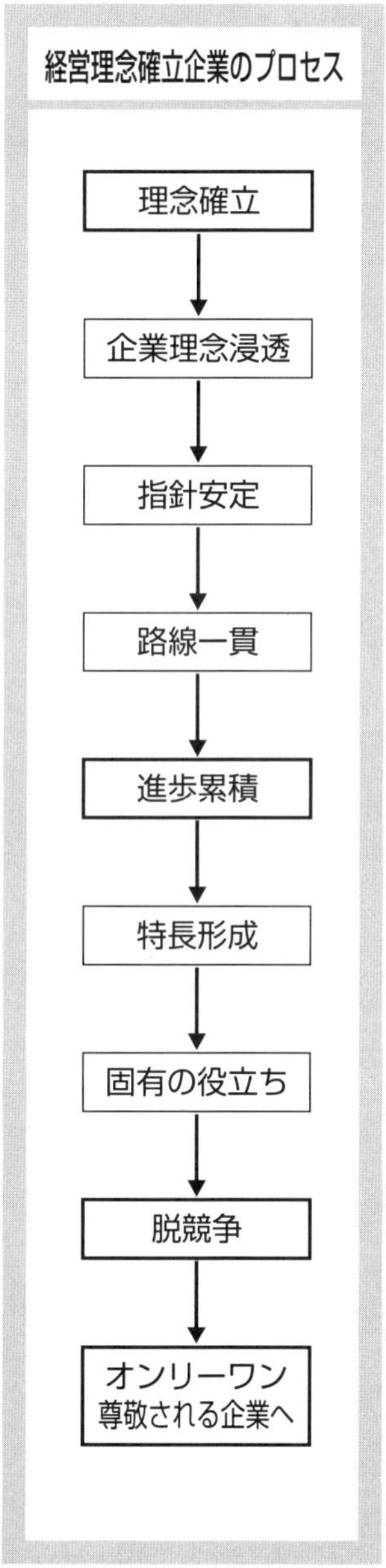

「企業理念」（大和信春　博進堂）を一部変更

すなわち、経営理念が確立し浸透すれば、判断や行動の指針が安定するので路線が一貫します。これが、**「進歩の累積」**を生み、経営を進化させるのです。本来、企業も木のように年とともに年輪を刻み大きくなってしかるべきなのですが、年輪を刻みきれず、大きくならなかったり、逆に小さくなってしまうことがあるのはなぜでしょうか。

企業の年輪とは「知識（ナレッジ）」と「企業文化」の集積です。進歩が累積しない企業は、すべて、これらの蓄積が欠落しています。これは**人材の流出が激しかったり、社員個々人の成長意欲が乏しいときに引き起こされます。**この進歩の累積が続けば、企業独自の強みや価値が蓄積され、その結果、その企業の特長が形成されます。特長が形成されれば顧客や社会に対して**「固有のお役立ち」**ができるようになります。そうなれば競争はあり得ません。他と同じことをやっているから競争せざるを得ないのです。独自の価値を提供していればこそ競争はなく、**「オンリーワン企業」「尊敬される企業」の道を歩むことも可能です。**

2.「経営理念で飯が食えるか！」

「それは、理屈。現実は理念じゃ飯は食えないよ！」という声も聞こえてきそうです。「理念より売上げ！　これが現実だよ」ということでしょうか。確かに日々の売上高を継続的に上げることは必要です。しかし、企業の存続のためだけにすべてのエネルギーを注いでいては、経営者はもとより社員も疲れるだけです。

毎日売上げだけを追っている企業には、充実した企業活動を行うことは不可能です。前述したように人間が嬉々として働くためには、大いなる「大義名分」が必要不可欠です。**理念それも崇高な理念が企**

図1
中小企業の経営理念
～利害関係者を重視した経営を目指す姿が顕著～

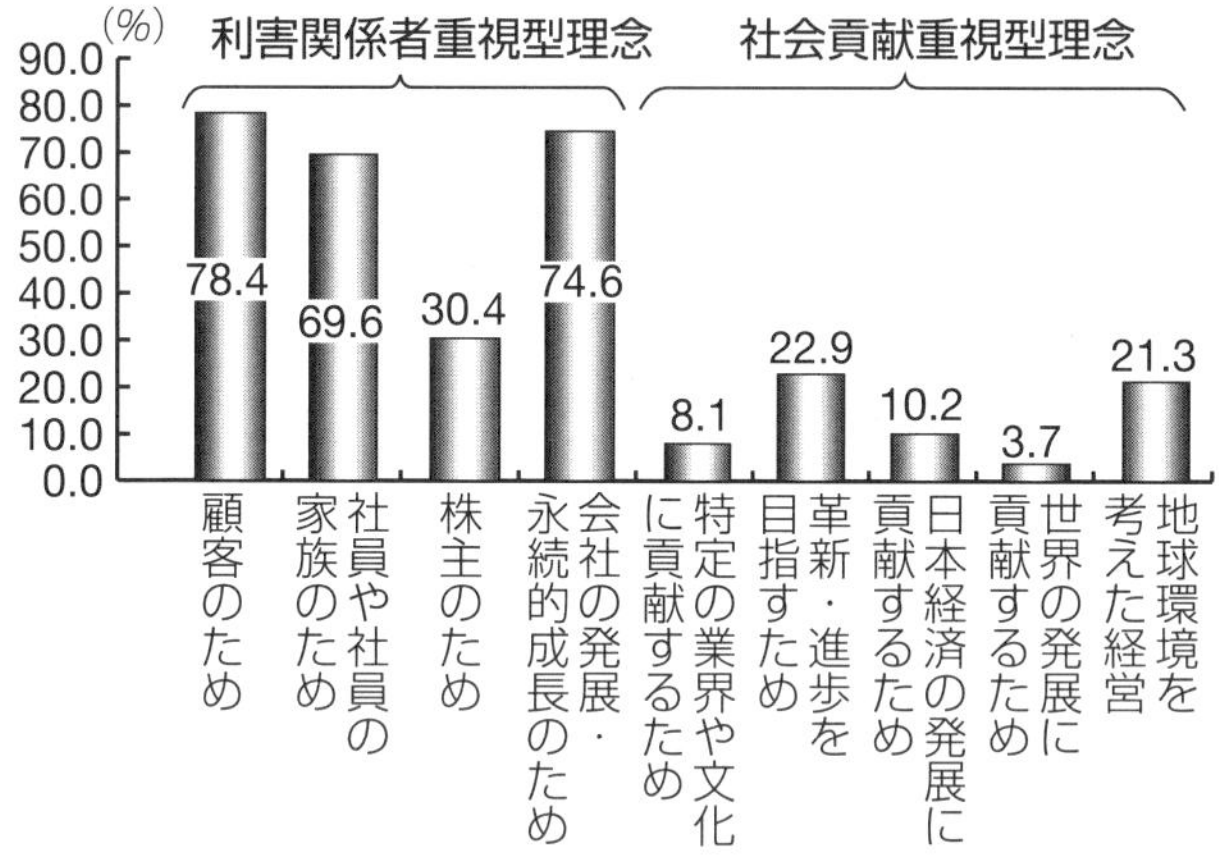

資料:中小企業庁「経営戦略に関する実態調査」（2002年11月）（注）複数回答のため、合計は100を超える。

図2
経営理念と従業者数増加率の相関
～利潤動機にとどまらない、社会貢献的志向が成長を招く～

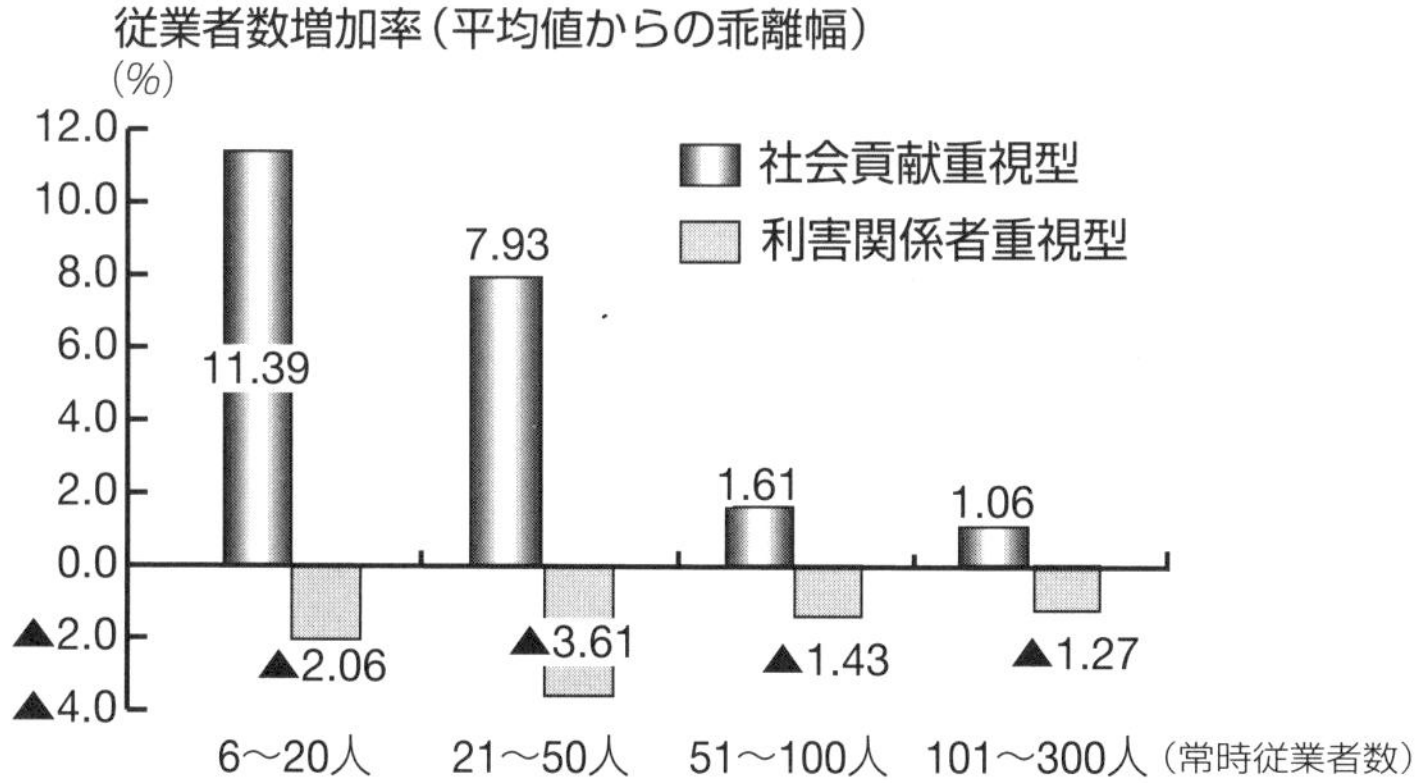

資料:経済産業省「企業活動基本調査」（1998年）再編加工、経済産業省、
中小企業庁「商工業実態基本調査」（1998年）再編加工、中小企業庁「経営戦略に関する実態調査」（2002年11月）

業を育てているという実証研究結果が、『中小企業白書（二〇〇三年版）』で報告されています。第1図では、経営理念を「利害関係者重視型」と「社会貢献重視型」に分類し、大半が前者であるとしています。しかし、第2図でも理解できるように、成長している企業は社会貢献型理念を有していることが理解できます。

3．理念が独自性を生む ― 卓越経営者のモデル像

このように、**経営理念は、社長の生き様や人生理念・志が投影されるべきものですが、企業が社会的存在であることを考慮すれば、『社会への貢献』ははずせないものです。**

産能大の宮田矢八郎教授はその著書『収益結晶化理論』（ダイヤモンド社）において、**「理念は独自性を生む」**として、企業経営における経営理念の有効性・重要性を実証研究から指摘しました。また、「優良企業」経営者の卓越モデルとして次のようにまとめました。

「利益は技術的要因が生み出し、技術的要因は人間的要因が生み出し、人間的要因の中心に経営者が位置するなら、モデル化の最終は卓越経営者のモデル化でなければならない」。

4．経営理念を浸透させよ！

企業経営にとって、経営理念がいかに重要であるかをご理解いただけたでしょうか。

しかし、世の中の企業には、経営理念を立派な額に入れて社長室に飾ってあっても、実際の経営には生かされていない例が多いようです。そのような場合には、まず経営者自身がその理念に深く共鳴していないというケースが考えられます。その理由には、例えば、先代や先々代の時代の理念が、今の時代やその会社の

卓越経営者のモデル像

・**卓越経営者は（創業者の場合）二〇代で創業している。**その根底には「収入増の欲求」ならぬ**「社会貢献の意志」**が存在している。

・**卓越経営者は、自らを「戦略策定型」と認識している。**視界不良のなか、長い時間軸で企業に方向性を与えるには、単なる製品開発やマーケティングのノウハウを超えたセンスが必要となる。それが宗教・信仰、信条・信念である。たしかに、経営の「経」という字には経度や経典といった言葉からも推測されるように、まっすぐに張った機の縦糸、道理、則、普遍なものという意味がある。**卓越経営者は経営判断の原則を宗教・信仰、信条・信念のレベルで把握している。苦労克服に役立ったのは「自分の信念・経営哲学」である。**

・**卓越経営者は、**理念と開発に関して「関係ある」どころではなく、**真の独自性の開発には理念は必須要因である（「理念が独自性を生む」）としている。**

・**卓越経営者は、**従業員の研修はかなりよく行っており、その結果、従業員のモラールは「高い」。**社員の成長が会社の成長と考え、社員の育成指導を最重点としている。**

・**卓越経営者の競争戦略は**「低コスト」戦略ではなく、**「差別化・個性化」戦略である。**その結果ブランドが確立している。言い換えれば指名買いされている。

『収益結晶化理論』（宮田矢八郎　ダイヤモンド社）

現在の業態等に合っていないということがあり得ます。

こういった場合には、創業時の基本精神は継承しながらも、これを補足したり、今日的な表現に変えてみるなどして、納得できるものにしていくべきではないかと思います。

これに対して、社長自身は、自社の経営理念を重視していたとしても、そのことが社員に伝わっておらず、文字通り「画に描いた餅」になってしまっているような場合は、社長の努力が不足しているために**経営理念が、全身の細胞レベルまで浸透していない**ことを意味しています。経営理念を確立した経営者は全身全霊を込めて、その浸透に意を用いるべきです。

経営理念の浸透の段階は次の三つに分けることができます。

① 経営理念を落とし込め。
② 経営理念に基づく行動指針を作れ。
③ 経営理念を念頭に行動指針に従って実践せよ。

(1) 経営理念を落とし込め

経営理念を浸透させるためには、まず経営理念を社員の身近な存在とすることから始めなければなりません。

そのためには、社内に掲示するだけでなく、朝礼や会議での**「経営理念の唱和」**が有効です。声に出すということは、各自の**潜在意識に落とし込む**ことを意味します。大きな声で毎日繰り返し繰り返し唱和することが大切です。

ただ、これを空念仏にしないように、不定期に**「経営理念確認テスト」**を行うのも浸透度合いを確認するために効果的です。このテストは、経営理念を記述させ、かつ、日常業務の中でどのように実践しているかを書かせるものです。経営者や上司がコメントをつけて返却するとよいでしょう。

情報の価値を決めるのは受け手ですので、いくら経営者側が情報を発信しても、受け手である社員が確実に受け止めなければ情報は伝わりません。このためにも、社員の理解度テストは有効です。

(2) 経営理念に基づく行動指針を作れ

経営理念の字面を覚えているだけでは効果がでません。次の段階では「行動指針とする」ことが大切です。このためには、朝礼等の経営者の挨拶がある場合は、例えを引きながら、経営理念の意味を角度を変えて教えていくことが重要です。また、関連する書籍を配布して感想文を書かせてみるのもよいでしょう。

さらに、社員に**経営理念の具体化事例を明示**することも必要です。一般に経営理念は抽象的な表現が多いので、これを具体化した**「社員の行動指針」**などを定めます。

例えば、活気のある企業風土を保つために、「環境整備」は重要であり、その中心は「挨拶」と「掃除」です。挨拶一つとっても、挨拶の意味（心を開く、相手との架け橋を作る）といった本質を社員が理解した上で、自主的にするのと、ただ形だけでしているのとでは相手に与える印象も異なります。

細かいようですが、例えば、「元気よく」挨拶をしようといっても（人により価値観が異なるので）、周りからは元気のない腑抜けた挨拶にしか見えなくても、本人は「できている」と錯覚していて、注意されると「なぜ自分だけを」といった反発も出てきます。このような誤解をさけるためにも、

わが社の「元気の良い挨拶」の定義
・立ち止まり、相手の目を見て
・大声で、はっきりと
・礼は四十五度の角度ですること

というように具体的な指針を示した方が良いと思います。社員に注意をするときにも、行動指針に明示してあれば、「行動指針をもう一度読み返しなさい！」と指摘するだけで事足ります。

(3) 経営理念を念頭に行動指針に従って実践せよ

理解しても実践されなければ意味がありません。社員に実践を促すには次のような手段が有効です。

① まず経営者自身が経営理念を遵守せよ

経営者自身が意思決定したり、行動したりする場合、経営理念に照らして妥当かどうかを検討し決定する習慣をつけましょう。仮に経営者が明らかに経営理念とは正反対と受け取られる行動を続けると、社員はその企業の判断基準は、すべて社長自身にあるとして、経営理念を重要視しなくなってしまいます。

そのためには、先ほど述べたように、経営理念は経営者自らが充分納得して遵守できるものでなくてはなりません。借り物の理念は定着しません。いかに格好の良い理念であっても、経営者自身が心から納得していなければ始まりません。冒頭で、経営理念は社長の生き様や人生理念・志が投影されるべきものと述べたのはこのことを意味しています。

②日常業務の中で、成功事例・失敗事例を公表せよ

社内の会議等で、各社員の日常業務での成功例と失敗例を公表すると、知識・体験の共有化ができますが、そのような場合に、「経営理念」に照らし合わせてどうだったか、という視点から分析するようにすると、理念の浸透・実践の上で大変有効です。

③社員の採用選考時の留意点

中国の歴史書である「資治通鑑」(注)（司馬光）によれば、人物を採用する場合、才徳兼備の人を採用すべきであるが、才子（才能は優れているが人間性が未熟な人）と愚人しかいない場合には、むしろ愚人を採用せよ、と説いています。人間が成長する場合、土台がしっかりしていなければなりません。このしっかりとした「人間性」があれば「技術力」は教育でまかなうことができます。

(注)資治通鑑　中国の歴史書。宋の時代に司馬光が英宗の詔を受け、一九年かかって全二九四巻を完成。紀元前四〇三年から九五九年までの一三六二年を記述している。

新入社員の採用に際して、技術力はあるが人間性が未熟な人とその反対の人が応募してきたら、迷わず後者を採用すべしということです。人間性に欠ける点がある人を教育するエネルギーは並大抵のものではありません。また、このような人に経営理念を浸透させることも容易ではありません。人的資源に乏しい中小企業の場合は、一人でも多くの人材を短期間のうちに戦力化・活性化させなければならないので、より可能性の高い人物を迎え入れることが肝要です。

5. 経営理念には企業風土形成力がある

新人は、企業風土に染まっていきます。明るい風土に入れば明るくなり、暗い風土に入れば暗くなります。良好な社内風土を整え、保つことは、経営理念を浸透させる前提です。また逆に後述するように経営理念は企業風土形成力があり、経営理念が浸透すればするほど良好な風土を維持発展させることができるのです。

社員のやる気や戦略戦術の根源も経営理念にあります。経営理念を無視した経営活動を行うことは、ひたすら地獄（倒産）に向かって突き進んでいるとさえいえるのです。

社長は、経営理念をさまざまな場面において全社に浸透する努力をしていかなければなりません。同時に社長自身が「経営理念」を体現するために自己を高めていかなければなりません。「企業は社長の器以上には決して大きくならない」とはまさにこのことを指しているのです。

経営理念はどちらかというと抽象的な表現ですので、具体的な行動指針を制定したり、理念を中期的に具現化すべき目標として**「経営ビジョン」**を策定することによって、理念の具体化を行います。ビジョンは、中期的に企業が到達すべきポイントを描いたグランドデザインであり、全社員が一丸となって、その達成に向けて邁進していくべき目標です。なお、このビジョンの策定作業は幹部社員とともに行ってもよいのですが、経営理念との整合性の確認は社長自身の責任において行うべきです。

どのような組織でも命を吹き込まなければ活動し始めません。**経営理念・ビジョンを決め、社内に浸透させるという行為は、まさに「組織に命を吹き込む」こと**なのです。

経営理念の具体例

東芝グループ

東芝グループは、人間尊重を基本として、豊かな価値を創造し、世界の人々の生活・文化に貢献する企業集団をめざします。

1.　人を大切にします

東芝グループは、健全な事業活動をつうじて、顧客、株主、従業員をはじめ、すべての人々を大切にします。

2.　豊かな価値を創造します

東芝グループは、E&Eの分野を中心に技術革新をすすめ、豊かな価値を創造します。

3.　社会に貢献します

東芝グループは、よりよい地球環境の実現につとめ、良き企業市民として、社会に貢献します。

三菱東京フィナンシャル・グループ

経営理念は、MTFGグループが経営遂行するにあたっての基本的な姿勢を示した「MTFGグループの価値観」であり、すべての活動の指針とするものです。経営戦略の策定や経営の意思決定のよりどころとなり、また全役職員の精神的支柱として、諸活動の基本方針となるものです。

三菱東京フィナンシャル・グループは、信頼と信用を旨とし、多角的金融サービスを提供することを通じ、国内外のお客様と社会の繁栄に貢献すると共に、その社会的・経済的な企業価値を創造し続ける。

経営理念の具体例

イトーヨーカ堂

私たちは、お客様に信頼される誠実な企業でありたい。
私たちは、取引先、株主、地域社会に信頼される誠実な企業でありたい。
私たちは、社員に信頼される誠実な企業でありたい。

大同生命

1. 中小企業のお客さまから「あらゆる面で信頼度No.1」と評価される生命保険会社をめざします。
2. 企業保証の提供を主軸とするコアビジネスの発展を通じて、企業価値の持続的な増大を実現する企業をめざします。

三洋電機

わたしたちは、世界のひとびとになくてはならない存在でありたい。

TKC

自利とは利他をいう

経営理念の具体例

JALグループ

JALグループは、総合力ある航空輸送グループとして、
お客さま、文化、そしてこころを結び、日本と世界の平和と繁栄に貢献します。

(1) 安全・品質を徹底して追求します。
(2) お客さまの視点から発想し、行動します。
(3) 企業価値の最大化を図ります。
(4) 企業市民の責務を果します。
(5) 努力と挑戦を大切にします。

セコム損害保険株式会社（運営基本10カ条）

1. セコムは、社業を通じ、社会に貢献する。
2. セコムは、社会に貢献する事業を発掘、実現し続ける責任と使命を有する。
3. 額に汗し、努力の結果以外の利益は、受けない。
4. 社会は一人一人の人間によって構成される。セコムも同様に一人一人の社員によって構成される組織体である。
5. セコムは他企業、他組織を誹謗してはならない。
6. 全てのことに関して、セコムの判断の尺度は、「正しいかどうか」と「公正であるかどうか」である。
7. セコムは、常に革新的であり続ける。そのため、否定の精神、現状打破の精神を持ち続け絶やさない。
8. セコムは、全てに関して礼節を重んずる。
9. セコムは、その時々の風潮に溺れず、流されず、常に原理原則に立脚し、凛然と事を決する。
10. セコムの社員は、いかなる事に関しても、自らの立場、職責を利用した言動をしてはならない。

第2節　経営計画を活用せよ

Ⅰ　経営計画が必要な理由

1.経営計画がない企業は銀行借り入れができない?

金融機関による企業格付けが導入されたことによって、二期連続で赤字決算の企業や、行き当たりばったり、どんぶり勘定で経営をしている企業には、金融機関から新たな支援は受けられず、場合によっては、貸し剥がしの対象になりかねないという時代になりました。特に債務者区分が「要注意先」以下に該当すると判定された企業の場合は、業績改善に向けて、説得力のある「経営計画」(経営改善計画)を作成して、金融機関に提示し、その進捗状況を定期的に報告することが不可欠です。経営者は、このような外部環境の変化をよく理解しておく必要があります。

(1) あなたの会社も格付けされている

中小企業の資金調達は、何といっても、銀行、信用金庫、信用組合等の民間金融機関からの資金借り入れが主力となっていますが、この数年、金融機関による融資の判断基準が大きく変わっています。以前は、「過去の貸出実績」「担保」「地元、業界での評判」等に基づく判断が行われてきました。しかし、現在は「企業格付け」に基づく審査へと移行してきています。その企業の格付けによって、融資するかどうか判定

企業格付け5つの意味

1. 融資実行の有無　→　格付けが良いほど有利
2. 金利水準　→　格付けが悪いほど高い
3. 担保の水準　→　格付けが悪いほど厳しい
4. 審査要件の差　→　格付けが悪いほど承認ハードルが高い
5. 審査のプロセス　→　優良格付け先ほど簡素化と迅速化が進む

されています。この他、格付けによって金利水準が決定され、現在の貸出金利が、それ以下であれば、金利アップを要求される例が増えています。

『中小企業白書（二〇〇三年版）』によれば、前年から二〇〇二年までの一年間に金利引き上げ要請を受けた企業の割合は、地銀・第2地銀で全体の二一・一％、大手行では三一・八％に上ると報告されており、金融機関は企業格付けを、すべての判断基準としています。

(2) 自社の格付けを知っていますか

金融機関はすべての貸出先企業について、次頁に示すように「正常先」から「実質破綻先・破綻先」に分類しています。金融機関ではこの区分に従って貸出債権に対する貸倒引当金を積み立てることになります。正常先の引当率は〇・三％程度ですむのですが、要管理先となると七〇％となる場合もあり、金融機関としては金利を一〇％取っても採算がとれません。だから要注意先となると「貸し渋り」が始まり、要管理先とされると「貸し剥がし」が始まる可能性が高まるのです。

債務者区分

債務者区分		内　容
正常先	A	業績が良好であり、財務内容にも特段問題のない債務者
要注意先	B	業績低調、延滞等、今後の管理に注意を要する債務者
要管理先	B'	要注意先のうち、要管理債権のある債務者
破綻懸念先	C	現在、経営破綻の状況にないが、今後、経営破綻が懸念される債務者
実質破綻先	D	法的・形式的な経営破綻の事実はないが、実質的に破綻に陥っている債務者
破綻先	E	法的・形式的な経営破綻の事実が発生している債務者

経営者であれば、当然にも自社の格付けがどうなっているのか知りたいところです。しかし通常、金融機関は教えてくれないようです。したがって最も良い方法は会計事務所に相談することです。

2. 金融機関の審査方法

「第一次評価」（定量的分析）

金融機関の支店では貸出先の決算書を入手次第、これを本店審査部に送り、第一次の格付けを行います。ここでは決算書の信頼性が厳しくチェックされています。

定量的分析項目

安全性分析

自己資本比率・ギアリング比率（有利子負債÷自己資本）・固定比率・固定長期適合率・流動比率・当座比率・実質利益・借入金月商倍率

収益性分析
　売上高経常利益率・総資産経常利益率・売上高支払利子率
成長性分析
　経常利益増加率・自己資本額・売上高
返済能力
　債務償還年数（有利子負債÷営業利益＋減価償却費合計）
　インタレスト・カバレッジ・レシオ（営業利益＋受取利息・配当金÷支払利息・割引料）
　キャッシュフロー額（営業利益＋減価償却費合計）
　経常収支比率・含み益

「第二次評価」（定性的分析）
　定量的分析に続いて、企業の業歴、経営者、経営方針、販売力、技術力等の諸要素を数値化して評価します。これらの要素の項目を、「定量的分析項目」に対して「定性的分析項目」といいます。メガバンクの場合は、市場、景気、競合状態等も項目に加えます。

定性的分析項目

　本店審査部が第一次評価（定量的分析）を行ったあと、その結果は支店に通知され、支店長の判断による第二次評価（定性的分析）がなされることになります。

　金融機関では次のような視点から定性的分析を行っています。

(1) 経営者能力

① 経営者の健康状態は良好であり、社内外から信頼され、リーダシップを発揮していますか？

② 経営理念や経営ビジョン（目標）は明確で、自ら従業員に徹底を図っていますか？

③ 経営者は、業績改善への意欲が高く、かつ、適正納税を実践していますか？

④ 経営者が五十歳以上の場合、後継者育成に十分配慮していますか？

(2) 企業力

業歴と直近業績

① 業歴は何年ですか？（五年以内・十年以内・十年以上）

② 直前三期の決算は黒字を続けていますか？

製品開発力（技術力）

① 市場競争の状況はどうですか？（穏やか・激しい・過当）

② 貴社独自の製品（商品）は、技術水準が高く、今後も継続的に売上高を確保できますか？

③ 貴社の技術力は高く、二、三年後の売上高に貢献できる新たな取り組みがありますか？

マーケティング（販売力）

① 現在の販売ルートから、今後も売上高を確保できますか？

金融機関の審査方法新旧対比表

古い審査要因（重視）	新しい審査要因		
貸出実績	貸出実績	参考要因	
担保（裸与信）	担保（裸与信）	参考要因	
地元業界評判	地元業界評判	参考要因	
他行シェアー	他行シェアー	参考要因	
業績	業績	参考要因	
財務分析	定量分析・財務分析 （1次評価） 自己資本比率 ギアリング比率 売上高経常利益率 自己資本額 売上高 債務償還年数 インタレスト・カバレッジ・レシオ 償却前営業利益 その他	信用格付算定要因	特に重視（スコアリング形式の積上評定）
定性分析	（2次評価） 定性分析 将来返済力	信用格付算定要因	重視項目『金融検査マニュアル（別冊）』
実質同一体、 実態B/S、 他行支援	（3次評価） 潜在返済力 実質同一体、 実態B/S、 他行支援	信用格付算定要因	重視項目『金融検査マニュアル（別冊）』
総合的判断：銀行全体の与信政策・ポートフォリオ	総合的判断：銀行全体の与信政策・ポートフォリオ		
総合的判断：その会社の取引関係	総合的判断：その会社の取引関係		
総合的判断：銀行の収益採算	総合的判断：銀行の収益採算		

『中小企業経営者のための格付けアップ作戦』（中村中著・TKC出版）

②現在の販売ルートは、新商品や新製品の拡販に活用できますか？
③新しい販売ルートの開拓に努めていますか？

経営計画・財務管理

①中期経営計画を策定していますか？
②中期経営計画を実行するための短期実行計画と社内体制ができていますか？
③計画と実績との差異分析を毎月実施していますか？
④事業計画の進捗管理を行い、遅延の場合には対策を取るとともに、金融機関に対して適時適切な情報開示を行っていますか？

銀行取引

①毎期の決算書を金融機関に提出し、業界動向、同業他社の動きを含めて、決算説明をしていますか？
②経営計画書を金融機関に提出し、自社の強みや弱みを含めて、今後の見通しを説明していますか？
③金融機関の信用情報の把握に常に協力し、必要な税務申告の付属明細書等を提出していますか？

実態バランスシートと個人資産余力

①貸借対照表に含み損益がありますか？
②経営者からの借入金がありますか？
③会社から経営者への貸付金がありますか？

④役員報酬は減額できますか？
⑤万が一の場合、経営者は個人資産を返済にあてる意思はありますか？
⑥経営者と家族の個人資産はどれだけありますか？

他社支援

①経営者の親族の中に、強力な支援者がいますか？
②正常先の取引先または金融機関が支援してくれますか？
③正常先の親会社があり支援してくれますか？

返済状況の実態

①最近、借入金の返済で延滞はありましたか？
②金融機関との情報交換は親密であり、毎月の返済等金融機関との約束ルールは守っていますか？
③従来から元本の期日延長を繰り返している借入がありますか？
④条件変更を行っている借入がありますか？

特に注意すべき事象

①資金使途に約束違反がある。
②当行の要請に対し適切な対応が取られていない。
③入金遅延があった。

④税務当局等から照会があった。
⑤他行から頻繁に信用照会がある。
⑥返済財源が計画されていない。
⑦当行承認の事業計画が遅延している。
⑧貸出金以外に入金がない。
⑨固定化した債権が存在する。
⑩商手持込が並手優先となっている。
⑪主要取引先が変わった。
⑫現金引出しの回数が多い。
⑬経理担当者が不在がち又は急に交代した。
⑭中小企業倒産防災共済、経営者保険等に加入していない。
⑮必要資料を出し渋る。
⑯提出資料の信頼性が薄い。
⑰法人または代表者の事業外投機がある。
⑱割引手形、担保の不渡・組み戻しがある。
⑲取引先の倒産の影響度が大きい。
⑳担保不動産に売掛債権等を担保目的とした取引上の設定がある。
㉑(仮)差押がある。
㉒市中金融等からの借入がある。

㉓担保不動産に市中金融等の設定がある。
㉔信用情報機関や同業者からの不安情報がある。
㉕不動産に金融機関以外の（根）抵当権設定やその他設定がある。

さらに、次のような角度からの分析を加味して、最終的な格付けを決定します。

「第三次評価」（定性的分析）
実態バランスシート（資産の時価評価を反映させる）、親会社等実質同一体の状況、他行や仕入先等からの外部資金の調達力、格付け機関による格付け、信用調査機関の情報等。

3．自社の現状認識と改善の手段

中小企業の社長には、自社の業績が芳しくない原因を景気低迷のせいにしている人が多くいます。

極端にいえば、右肩上がりの経済成長期には、それほど苦労しなくても、そこそこの売上げをあげられ、会社の存続、発展に必要な利益が何とか確保できたのです。

ところが現在では、一定の売上高を確保できても、業界内での価格競争が激しいので、いくら仕事をしても利益が出ないという話をよく聞きます。こうした中で、多くの中小企業の社長は、業績の上がらない原因を景気低迷や外部環境のせいにし、日々悶々と過ごしています。しかし、ここで発想を切り替える必要があります。外部環境が好転することをひたすら祈るのではなく、社長自身が変化に適応することが大切です。

第1章で見てきたように、社長の仕事は「経営をすること」です。そこで、社長のやり方のどこが良くてどこが悪いのかを発見し、改善策を立て、実行するために、最も有効な方法が経営計画であり、その作成・実

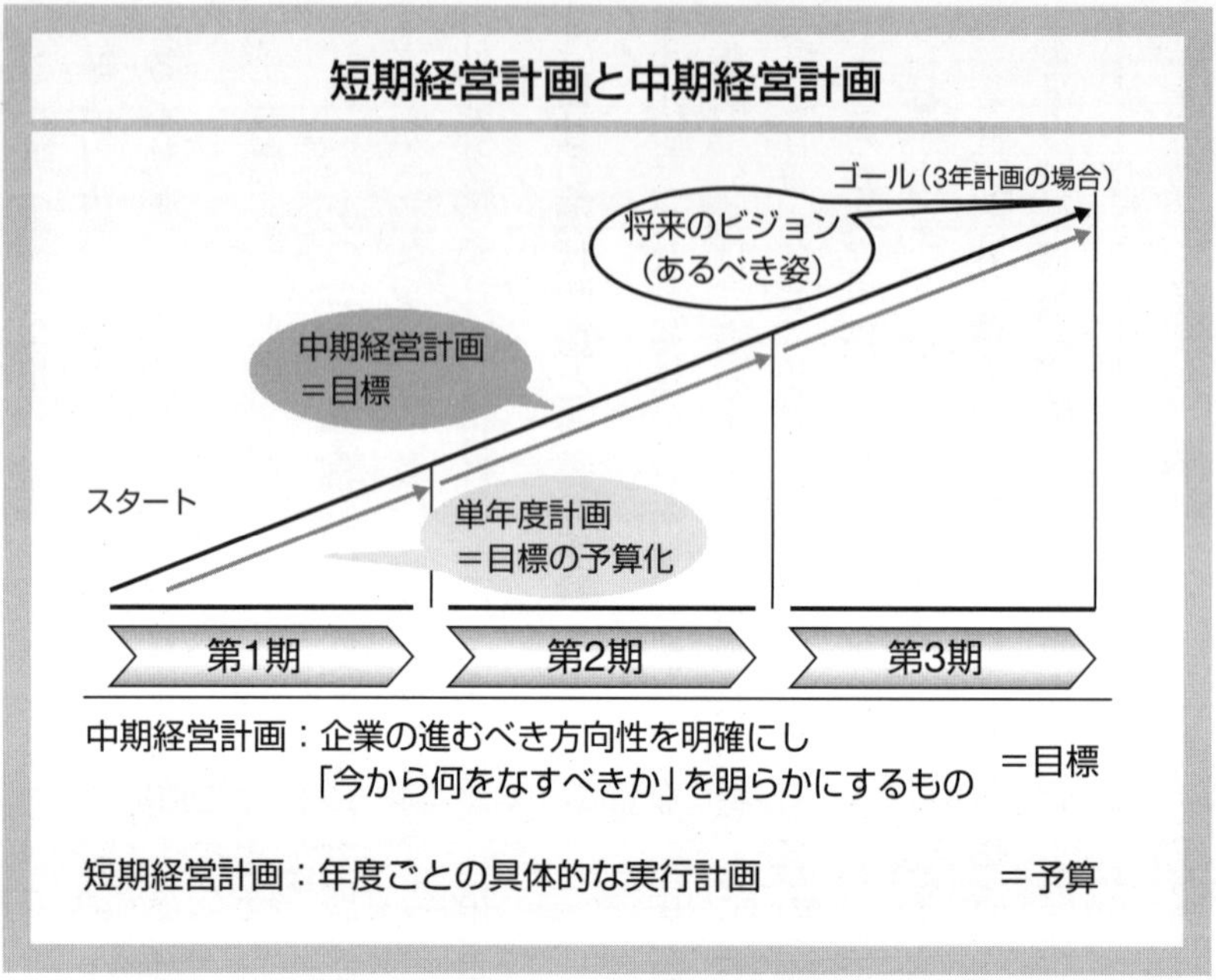

中期経営計画：企業の進むべき方向性を明確にし
「今から何をなすべきか」を明らかにするもの
＝目標
短期経営計画：年度ごとの具体的な実行計画
＝予算

短期経営計画と中期経営計画

行こそ最も重要な仕事の一つだといえます。

短期経営計画と中長期経営計画の違い

　経営活動とは、その企業の経営理念に基づいて具体的な利益目標等を掲げ、その達成に向けて具体策を立てて実行することですが、そのプロセスを明文化し、体系化したものが経営計画です。

　目標なくして計画なし、計画なくして行動なし、行動なくして結果なし、結果なくして反省なし、反省なくして新しい目標なしです。経営計画は、長期経営計画（一〇年程度）、中期経営計画（三年〜五年）、短期経営計画（一年）の三つに分類することができます。中長期経営計画では、わが社の将来像を描き、それに到達するための過程を年度別に示したもので、将来に向けて今から何をなすべきかを明確にするという狙いがあります。前述したように、最近では、業績の悪化した企業に対して、金融機関が、長いスパンでの業績改善計画として、中長期の「経営改善計画」の提出を求めるケースが増えています。また「中小企業経営革新支援法」の承認申請の際に提出が義務付けられている「経営革新計画」なども、中長期経営計画といえます。

これに対して、短期経営計画は、中長期経営計画をふまえ、単年度で行うべき具体的な行動計画であり、これを数値化したものが「予算」です。この短期経営計画と中長期経営計画のどちらを優先して、作成するかということですが、理論的には、中長期経営計画の作成を優先すべきです。

しかし、これまでに経営計画を立てたことのない会社であれば、まず、事業全体をながめ、当面の足固めをするという意味で、短期経営計画から始めても良いと思います。

いずれにしても、短期経営計画であるにせよ中長期経営計画であるにせよ、企業の未来に対して、社長が前向きな思考を持ち、その考え方を数値という誰でもが分かる「共通の言語」で表わし、社員とともに共通の目標に向かって、前進することを明確に表明することが大切だといえるでしょう。

4.「宝の山」から「改善テーマ」を発見せよ

「経営計画を立てても先のことは分からない」「計画を作ったって、どうせその通りいかないのだから無駄だ」と言う経営者がいます。これは、本気で経営計画を作ったことのない人の発言だと思います。

先のことは分からないといいますが、例えば、向こう一年間のおおよその固定費がいくらになるかの予測はつかないでしょうか。正確に分からなくても、ある程度の予測はできるはずです。固定費や支出が予測できれば、そのために、あげなくてはならない収益の金額も推定できるのではないでしょうか。そのようにして、一年後に実現したい「目標損益計算書」ができれば、売上げの回収サイト、仕入の支払いサイト、借入金の返済計画などから「目標貸借対照表」や「予測キャッシュフロー計算書」も作ることができるのです。

こうして作った経営計画については、その実行可能性をチェックするために、まず自社の過去業績との時系列分析を行います。過去の推移から見て、大きく突出した計画項目がある場合は、経営計画にその実現のための段取りを「行動計画（アクションプラン）」としてまとめておく必要があります。

また、業界内で自社の業績推移が妥当なものか、他社と比較して変動費や固定費のコスト構造がどう違うのかをつかむために、同業者との業績比較を行います。そのために、『TKC経営指標』では業種別の黒字企業平均指標や優良企業指標などが用意されています。

経営計画と実績とを比較すれば、当然差異が生じます。この差異こそが自社の問題点であり、改善すべきテーマにほかなりません。経営計画はこのような問題点を発見できる「宝の山」であるといっても過言ではありません。計画を立ててもその通りいかないからダメなのではなくて、その通りいかないからこそ役に立つのです。

5．社員のやる気を引き出せ

「人間というものは、目標があると、それに向かって努力する、という不思議な動物である」（一倉定の社長学シリーズ『経営計画・資金運用』日本経営合理化協会）。

このような人間の特性を、経営に生かさない手はありません。

社員は生きる意欲のある限り、自分とその家族の生活向上を望んで働きます。そしてその働き甲斐は、会社の発展にかかっています。自分の働いている会社が発展しないでよいという社員はいないはずです。

明確な経営理念を掲げ、わが社の目指す方向（目標）を示し、それに向かってどう取り組んでいくのか

（戦略）を具体的に社員に宣言し、その協力を求めていくべきです。会社を発展させるために、自分たちは何をしたらよいのかという社員の、素朴な疑問に正面から応えることこそ、社員を奮起させる王道ではないでしょうか。

ここで大事なことは、経営計画を、はっきりと明文化することです。社長の意図を誤りなく社員に伝えるには、経営計画書を作成し、「経営計画発表会」等を開催して、会社の内外に宣言することが非常に大事です。

Ⅱ　経営計画作成時の留意点

1．分かりやすく具体的に表現せよ

経営計画は、社長の基本的な事業方針と目標、そしてそれを具体的にどのようにして達成するかの「行動計画」を集約したものです。最初に必要なものは、社長自身の作成した経営方針書です。この方針書は、社長の抱いている会社の未来像の実現に向けて、基本となる行動指針に当たるものです。

経営計画書には、将来の見通しや、こうしなければならないという前向きな思想を明文化すべきであって、過去のことにふれる必要はありません。過去の反省を明文化してみても意味がないからです。わが社の将来に向かって、具体的な方針を立て、これをどう達成していくのかについて社長自らの姿勢を書くべきであり、社員の姿勢を書くべきではありません。会社の業績は社員の働きで決まるのではなく、社長の姿勢で決まるのだということを肝に銘じておきましょう。

そして社員にもよく理解できるように、できるだけ分かりやすく具体的に表現することです。簡潔に明文

経営方針書の留意点

1. わが社の将来に関するものであること。
2. 社長の姿勢を示すものであること。
3. 具体的であること。

化しようとすると、えてして「販売体制の強化」「生産性の向上」というような抽象的な表現になりやすいのですが、販売体制の強化であれば、販売地域をいくつ増やすとか、人員をどのくらい増員するといったことを具体的に書く必要があります。

また、目標の設定にあたっては、すべての事業活動についての目標を設定し、その目標を達成するための方針を作成しなければなりません。そしてそれらの目標や方針は個々に立てられるのではなく、あくまでもお互いが有機的な関係を持ち、バランスを保っていなければなりません（次章バランス・スコアカードの手法が有効です）。

2. 社長自身で作れ

経営計画は、社長自身で作ります。売上げ・利益計画等についても人任せではいけません。数字に強いとか弱いといった問題ではありません。経営の数字は高等数学ではありません。せいぜい加減乗除程度のものですから心配はいりません。自分で計算するのが嫌なら、会計専門家（顧問税理士や公認会計士）に相談して、手伝ってもらってもよいのですが、計画の骨子を作成する作業は、くれぐれも人任せにしないことです。

前出の一倉定氏は、次のように述べています。

「社長は会社の最高責任者である。その社長が、我が社の未来を決める最高方針の樹立と目標の設定を、自らの責任と意志において、自らの手によって、作り上げることこそ本当である。その重要な仕事を、他の人にやらせるということは、明らかに社長の重大な責任回避である。忙しいからという理由こそがおかしい。最高方針の樹立以外の大切な仕事がほかにあるわけがない。確かに社長は忙しい。忙しいからこそ、重要な仕事から取り組み、重要度の低い仕事は出来なくても仕方がないのだ。だから、いくら忙しくとも、最重要な仕事が出来ないということこそ、おかしいのである。経営計画を作るために時間を取られて、ほかの仕事が出来なかったというなら話はわかる。しかし忙しいから経営計画を自ら立てる時間がないというほど、おかしなことはないのである」（前述書）

3.「変動損益計算書」で目標を明確にする

目標を決めないままで、結果的に利益が出た、出なかったといった経営を「成り行き経営」といいます。これは正しい事業経営とはいえません。経営者自身がどれだけの利益をあげなければならないのかを認識し、そのためには売上高をいくらにし、限界利益率（粗利益率）はどうするのか、人件費は、固定費は、と逆算して、組み立てていくのが計画作成の手順です。このうち、適正利益を獲得する計画が「利益計画」です。「利益計画」を立てるには、損益分岐点の考え方を応用した「変動損益計算書」の形式で考えてゆくことをおすすめします。「変動損益計算書」は、経費を売上げの増加に伴って変動する「変動費」と、売上げに関係なくかかる「固定費」とに分けて表示した損益計算書です。この「変動損益計算書」は、目標利益を達成するためにはいくらの売上高が必要か、また社員を一人採用するに当たって利益がいくら変わるかなどが簡単に計算できるので、経営者の意思決定に役立ちます。

「変動損益計算書」では、変動費は売上高の増減に伴って変動するので、売値や仕入値が変わらない限り限界利益率は一定となります。すなわち、限界利益は売上高に比例するわけです。通常の損益計算書では、特に製造業の場合、製造原価に人件費などの固定費が含まれてしまうため、売上総利益は売上高に比例しません。「変動損益計算書」では、売上高をさらに「単価×数量」という式に分解することにより「いくら売らなければならないのか」という金額ベースの検討のみならず、「いつまでに」「いくつ売らなければならないのか」といった数量ベースの検討を行うこともできます。

4. 販売計画の立て方

利益計画に示された必要利益をあげるために必要なものが「販売計画」です。「何を」「どれだけ」「どこに」「だれが」「いつまでに」売るのかを計画するのです。効果的な販売計画を立てるためのフレームワークとして「アンゾフモデル」の考え方があります。「商品（製品）―市場（得意先）マトリックス」といわれるもので、商品と市場を「現在」と「新規」に区分し、それぞれの象限で戦略を考えようというものです。四象限に分かれ、それぞれの「打ち手」も異なってきます。

商品ごとに、どの戦略で販売していくのかを決め、市場（得意先）に展開していきます。この場合すべての商品を並べる必要はありません。例えば、売上高の約八〇%に相当する商品または商品群（商品群とは同様の特性と同様の限界利益率を持つ商品を一括したもの）について決定し、あとはその他とします。これは「二対八の法則」、すなわち売上高の八割が、二割の売れ筋商品でカバーされる例が多いとの考え方に基づいています。こうして売上高と予測限界利益率をもとに「利益計画」と「販売計画」を作成します。

III　経営計画運用上の注意

1. 計画を変更してはならない

こうして苦労を重ねて作成した経営計画ですが、実行に移していく段階で実績と目標とが、大きく離れてしまったために、目標そのものを修正してしまおうとするケースがあります。しかし、これは明らかに間違いです。目標と実績は一致するものではなく、大切なのは、目標と実績との差を読み、正しい状況判断と正しい意思決定をすることにあるからです。ここでも一倉定氏の考え方が参考になるでしょう。

「目標が我が社が生き残るために必要な、最小限度の数字を起因としている限り、達成が難しいからといって、目標を変更するのは、我が社の生きる道を我が手でふさいでしまうことになるのだ。目標より実績が下回ってるということは、我が社の危険を意味している。その差が大きければ大きいほど、我が社の危険が大きいことを知らなければならない」（前掲書）

また目標達成率も、あまりにも達成率が低いからと、目標値を下方修正してしまうことがあります。その結果、確かに達成率は上がるかもしれませんが、それでは数字のお遊びになってしまいます。修正すべきはこれからの自社の行動計画そのものなのです。この点を錯覚しないように気をつけましょう。

ただし、いついかなる場合にも目標は変えてはいけないということではありません。例えば、阪神大震災のような大きな天災や環境変化に見舞われて、目標の根底である客観情勢が崩れてしまった場合や、社長のもつ経営ビジョンが発展し新たな構想が生まれたときなどの場合は、むしろ目標そのものを変えるべきなのです。

2．社内会議で計画実行をフォローする

経営計画を絵に描いた餅としてしまわないために、社内で定期的に「業績検討会」を行うことをおすすめします。最低でも三か月に一回は行いたいものです。業績検討会では、実績と計画との差異の分析を項目別に行い、目標とした利益の達成度合いを把握し、このまま推移すれば、期末までにどのような状況になるかの予測を行います。見込まれる差異が把握ができたら、これを縮める行動計画を作ります。

ここで注意したいことは、営業会議とか実績会議を行うと、えてして、この差異をつめることに重点を置くのではなく、実績未達成の原因究明や担当部署の責任追及に重点をおいてしまいがちになることです。

しかし、目標未達成の原因には、個人の力ではどうにもならない客観的事実等も含まれるので、その原因をいくら論じあっても、言い訳の言い合いになりかねません。それよりも目標達成に必要なのは「どうしたら目標を達成できるか」という具体的な行動計画であることを忘れてはなりません。

一倉氏は「原因を調べて何になるというのだろうか。何がどうあろうと、過去の数字はただの一円でも変えることはできないのだ。不達成の原因など、もっともな理由があるに決まっている。人間とは、絶対に自分が悪いとは思わない動物なのである」と述べています。

第3節　企業風土を改善せよ

1．企業風土とは

企業には、目には見えないその企業特有の雰囲気や社員の気質のようなものがあります。これを企業風土といいます。企業風土には「良い企業風土」と「悪い企業風土」とが存在し、その会社を初めて訪問する人にも、何となく伝わってくるものです。

企業風土には「染まる」「うつる」「慣れる」という特性があります。その中にいるメンバーはその風土に染まっているので自覚が薄く、その良さ加減も悪さ加減も感じにくいものです。仮に、誰かが、わが社の企業風土は良くないと認識したとしても、一朝一夕には企業風土の改善は困難です。社長を含めた全社員で改善に取り組むことが、重要です。

2．風土改善は業績アップにつながる

「電話の応対が悪い」「笑顔がない」「顧客との約束を守らない」「挨拶ができない」これだけ悪い現象がそろうと、得意先に悪影響を及ぼし、売上げが伸びないどころか、いつ取引を打ち切られても不思議ではありません。業績の良い会社は、電話応対も完璧で、行動もきびきび、挨拶もしっかりでき、約束もきちんと守られているなど、良いだけの理由、支持される理由が必ずあります。

「仕事の手直しが多い」「クレームが多い」「整理整頓がきちんとできていない」状況では、コストも高く、社員の意識も向上するはずがありません。このような悪い企業風土を改善するだけでも、会社の業績改善に結びつくことは容易に想像できます。

企業風土の改善は、経営改善であり、業績向上に直結します。そして企業風土改善のスタートは全社員の認識の一致と社長の決断がポイントです。全社員がわが社の企業風土が良くないと認識していても、社長のかけ声だけでは風土改善は進みません。社長が社長のやるべき仕事をきちんと行い、幹部の協力を引き出し、その上で全社員を巻き込んで改善を図っていく必要があります。

3. 悪い企業風土、良い企業風土

悪い企業風土のあらわれと見られる具体的な現象をとらえて、一つひとつ改善していくことが重要です。悪い企業風土を示している現象は左頁の図表の通りです。

良い企業風土の会社には、全体に活気があり、業績も好調です。企業風土は一朝一夕の間に形成されたわけではなく、永年の間にできあがったものであり、企業のトップや幹部層の性格、思考スタイルなどを色濃く反映したものです。

4. 企業風土は誰が作っているのか

企業風土は集団を構成する一人ひとりの総和でできあがっています。即ち企業に所属する人間が入れ替われば風土も変化します。しかし、風土形成に大きな影響力を持っているのは、社長です。

大企業でも、日産自動車の劇的な経営改善が行われた際には、トップのカルロス・ゴーン氏が見事に企業

悪い企業風土

・電話応対が悪い。
・挨拶ができていない。
・整理整頓ができていない。
・呼ばれてもはっきりと返事をしない。
・清掃がきれいにできていない。
・仕事中の私語が多い。
・社内のルールが守られない。
・お客様のクレームが多く、仕事の手直しが多い。
・会社のモノを大事にしない。
・約束を守らない。
・愚痴が多い。
・上司がいるときといないときとで態度が変わる。
・公私混同がある。

風土の改善を行ったことは、第1章で見てきた通りです。

中小零細企業の場合には、トップの交代が少なく、社員の流動化も少ないために、企業風土が澱みがちであり、意識的に改善に取り組んでいかないと、沈滞ムードが蔓延することが少なくありません。しかし、企業風土を規定しているのはトップだけではなく、何といっても幹部を含めた全社員であり、一人ひとりの行動や姿勢が大きな影響力を持っていることを自覚して、良い企業風土を形成するように、全員が努力しましょう。

5. 風土を作る人、壊す人、染まる人

企業風土は人間の集団が作り出しています。集団の中には、良い企業風土を作り出す人と悪い企業風土を

作り出す人が混在しています。悪い企業風土が蔓延している環境の中では、新入社員などは簡単にその風土に染まってしまいます。

ある企業で次のような例がありました。事務職の女子社員が十人いる会社ですが、ある時、社長に対して、お客様から電話の応対が良くないと注意を受けました。そこで社長は、社員に注意するとともに、電話応対を教えてくれる社外の研修に、できれば十名全員を派遣したかったのですが、仕事のやりくりがつかず、また派遣費用もかさむので、とりあえず三名を派遣しました。研修に参加した三名の女子社員は、電話応対だけではなく、笑顔の作り方、お辞儀の仕方、歩き方、尊敬語、謙譲語、丁寧語の使い方等の研修をしっかり受けて帰ってきました。社長は、三名の社員が良いお手本になって、少しはみんなの電話応対が良くなるだろうと、心中期待していました。ところが、電話応対が良くなったという声はどこからも聞こえてこず、複数の取引先に聞いてみても前と変わったとは思えないとの回答が帰ってきました。せっかく費用と時間を使って研修を受けさせたにもかかわらず、それを受け入れる企業風土が存在しておらず、三名の女子社員は、訓練の成果を活用すると恥ずかしいという風土に飲み込まれて、せっかくの研修でしたが、元の木阿弥となってしまいました。

以上の例からも企業風土の改善は、全社一体で取り組まなければならないことが理解できると思います。知識やノウハウを習得する研修は、一部の人間だけが研修を受けても効果は上がりますが、こと風土改善に関しては、一部社員のみの改善は、戦場における「戦力の逐次投入」と同様の結果となりやすいといえます。

6．企業風土の悪さ加減の認識

企業風土を改善するには、全社員が、現在のわが社の風土の良さ、悪さをありのままに認識することからスタートします。そしてそのためには、企業風土という定性的な概念を、目に見える定量的な形にする必要があります。

企業風土は、その組織の構成員の「意識」「行動」「人間関係」の三つの要因で作り出されています。

・意識……構成員の一人ひとりが、何を考えながら会社に所属しているのか。
・行動……構成員の一人ひとりが、会社においてどのような行動をとっているのか。
・人間関係…構成員の一人ひとりの人間関係がどうなっているのか。

そしてこの「意識」「行動」「人間関係」は、その企業の経営理念、経営方針、経営目標等の影響を受けています。経営理念を策定発表し、前向きな経営方針を定め、経営目標を高らかに掲げることは、経営者の最も重要な仕事であると同時に、企業風土改善の第一歩となります。

企業風土を測定するためには、風土形成要因である個人個人の「意識」「行動」「人間関係」の三つの項目を測定する必要があります。

7. 社員の意識の測定

人はさまざまな意識を持ち、日々行動しています。仕事が命という人もいれば、ある人は仕事よりも趣味が大事と考え、またある人は家庭が何よりも大事と考えています。人間の意識は多様ですが、企業風土の測定においては「仕事満足度」「給与満足度」「会社満足度」の三つの視点が考えられます。それらを簡単なアンケート形式の質問票で尋ねることによって、個々の問題としてではなく、全体の意識傾向を把握することが可能です。

(1) 仕事満足度

社員が今の仕事に興味を持ち、さらに知識、技能を身につけたいと思っているのかどうか？　また今の仕事に満足して誇りを持っているかどうかを聞きます。この点は、各社員の行動や社内の人間関係にも影響を与え、風土形成要因として作用します。

(2) 給与満足度

現在受け取っている給与、賞与に対する満足度合いを「非常に満足している」から「まったく満足していない」までの五段階で質問します。

そのような調査をすれば、社員の回答が「あまり満足していない」「まったく満足していない」に集中するのではないかと心配する社長もいますが、仮に、給与満足度が低くても、それを、一つの現実として認識し、業績向上・風土改善のバネにすべきです。

一般的に、給与に対しての不満が多い会社は、会社の財務情報が、社内に公開されていない会社ほど高いという傾向が見られます。

(3) 会社満足度

今の会社に入って良かったと思っているのか、家族はどう思っているのか、今後もこの会社で働き続けたいか、友人知人にも入社を勧めたいか等、会社に対しての意識を、五段階で質問します。居心地が悪いと感じている社員の忠誠度は、一般的に低く表示され、そうでない社員の忠誠度は高く表示される傾向が見られます。

8. 社員の行動の測定

企業風土形成に関する「行動」とは、その社員が会社で、どのような行動をとっているかを測定するものです。行動には「一般的行動」と「リーダーシップ的行動」があります。

一般的行動には、次のようなチェック項目があります。

・社内においてきびきびした行動をとっているか。
・社内において挨拶は適切に行われているか。
・社内において電話の応対が適切に行われているか。

(1) 職場、環境調査

職場内の清掃、整理整頓がきちんとできているかどうか、社内ルールが守られているかどうかです。本来、一人ひとりの社員が意識的に行動しなければ解決しない事柄ですが、人がやらないから自分もやらないというような、企業風土の実態があります。

(2) 挨拶、応対調査

社内での挨拶、お客様との挨拶がきちんと行われているか、適切な言葉遣いがされているか、電話応対は適切かどうか等です。

企業風土調査項目(1)

1	あなたは今の会社に入社して良かったと思いますか。
2	あなたは今の仕事に興味がありますか。
3	あなたは今の賞与に満足していますか。
4	職場内の掃除は行き届いていますか。
5	あなたの職場は明るい雰囲気ですか。
6	あなたの給与・ボーナスはあなたの働きに見合った額が支給されていますか。
7	あなたの会社では適切なことばが使われていますか。
8	上司はあなたの意見に耳を傾けてくれますか。
9	あなたの職場では仕事がてきぱきと処理されていますか。
10	あなたは清潔な服装をしていますか。
11	あなたには仕事に必要な情報がタイムリーに入ってきますか。
12	あなたの職場は作業効率を考えた良い環境(机配置、照明等)となっていますか。
13	上司と部下との挨拶はスムーズに行われていますか。
14	仕事仲間はあなたに良いことがあった時に一緒に喜んでくれますか。
15	社内ルールは規則通り守られていますか。
16	上司は人間関係がスムーズにいくように配慮をしていますか。
17	あなたの職場では執務中の私語が多いですか。
18	あなたには会社の方針や計画が知らされていますか。
19	社内ではきびきびとした行動が取られていますか。
20	あなたの職場仲間の身だしなみ(髪、ひげ、化粧等)は職場にふさわしいですか。

TKC全国会システム委員会　風土調査システム検討小委員会

企業風土調査項目(2)

21	あなたは職場で嫌がらせやいじめを受けたことはありますか。
22	あなたの職場では仕事仲間と良い意味での競争意識がありますか。
23	我が社の電話の応対はうまくいっていますか。
24	いやな上司はいますか。
25	あなたの家族はあなたが勤務する会社についてどう思っていますか。
26	あなたは自分の仕事に誇りを持っていますか。
27	あなたは当社の福利厚生面に満足していますか。
28	あなたの職場ではお客様に対して挨拶は明るくはっきりと行われていますか。
29	あなたはこの会社で働き続けたいですか。
30	あなたの仕事の目標は明確になっていますか。
31	あなたは社内ミーティングでは気軽に発言ができますか。
32	あなたは今の仲間の一員として今後も仕事をしていきたいですか。
33	あなたの会社には派閥のようなものはありますか。
34	あなたは今の月額給与に満足していますか。
35	あなたは友人・知人にも我が社への入社を勧めたいですか。
36	あなたの職場はチームワークが取れていますか。
37	あなたは今の仕事に満足していますか。
38	職場内（机、棚、ロッカー等）はいつも整理・整頓されていますか。
39	あなたは仕事上で必要な時に仲間からの援助はありますか。
40	あなたは今の仕事に関して、さらに知識・技能を身に付けたいですか。

(3) 行動、服装調査

職場での業務を遂行するのにふさわしい服装をしており、身だしなみにも気を遣っているか、またきびきびとした行動をとっているかどうかです。

(4) 職場活性度調査

仕事の目標が明確になっているかどうか、仕事仲間との間に良い意味での競争意識があり、仕事がてきぱきと進行しているかどうかをチェックします。

9. 人間関係の測定

企業風土調査における人間関係の調査は、一般的な意味での人間関係ではなく、あくまで社内での仕事を中心にした人間関係に限定されます。

(1) コミュニケーション調査

会社内でのコミュニケーション（風通しの良し悪し）は、企業風土に大きく影響します。例えば会議、ミーティング等において、次のような事項をチェックします。

・気軽に発言できる雰囲気かどうか。
・何か発言すれば、発言した者が損をするという風潮はないか。
・社長の独演会で、みなだんまりを決め込んでいないか。
・上司は部下の意見に耳を傾けているか。

(2) チームワーク調査

会社が一つの集団としてのまとまりを欠き、各自が勝手な動き方をしていれば単なる烏合の衆であり、生産性は大幅に落ち込んでしまいます。チームワークがとれている集団の場合、その生産性は向上し、社内の雰囲気も良くなります。チームワークが改善されるだけで企業風土は根本的に変わってきます。

(3) 人間関係調査

社内に派閥のようなものがないか、嫌がらせやいじめがないか、イヤな上司はいるかなどを聞きます。企業風土を改善するには、これらの根の深い人間関係を正常化しなければ、改善はできません。

【参考文献】

「企業風土診断と改善手法」（ＴＫＣ全国会システム委員会風土調査システム検討小委員会・ＴＫＣ出版）
「一倉定の社長学」（日本経営合理化協会）

第4節　顧客を拡大せよ

1．顧客なくして企業なし

「顧客なくして企業なし」といいます。高度成長期には、多くの企業では「生産性の向上」に努力すれば、モノが売れ、ある程度の売上げが確保できました。しかし、デフレ不況、モノあまり時代になり、消費者の態度も変わりました。

「良いモノでも必ず売れるとはいえない」「安ければ買う、というわけでもない」「気に入らなければいくら値引きされても絶対に買わない」、反対に**「自分にとって本当に価値のあるものであればいくら高くても購入する」**といった傾向が見られます。経営環境が厳しくなればなるほど、業績の良い会社と悪い会社の差がでてきます。業種、規模、社歴等に関係なく好調不調に分かれ、しかもその格差はどんどん大きくなりつつあります。不調な企業の経営者が、手を抜き、怠けているという訳ではありませんが、企業の業績は、最終的には財務数値として表現されます。企業の利益の源泉は売上げであり、売上げの源泉は「顧客」です。選ぶ権利は顧客にしかありません。顧客から選択されなければ、売上げは上がらず、利益も出ないという、当たり前の事実を再認識する必要があります。顧客の拡大とは、まさに企業の将来の開拓であり、未来を創造することを意味します。経営者自身が最前線に立って、全力を傾注していかなければなりません。

2. 顧客本位の発想こそ原点

リコーの創業者市村清氏には、次のようなエピソードがありました。

戦後間もない時期の話で、銀座四丁目にある三愛ビル建設の際のできごとです。三愛とは、「人を愛し」「国を愛し」「仕事を愛する」の意味で名付けられました。市村氏は、焼け野原と化した東京は必ず将来活況を呈してくる。その中心は銀座であるに違いない、だから銀座にどうしても三愛の店を作りたいと考えました。

そのために、まず銀行の跡地を取得し、次に隣の土地の所有者である、老舗の佐野屋という足袋屋の未亡人のところへ何度も足を運びました。佐野屋は、皇后様の足袋を作ったほどの老舗で、先祖伝来の土地を売る気は毛頭なく、何度頼んでも断られました。

ある日、東京に大雪が降りました。市村社長はその日も、何度目かの足を運びましたが、会ってさえもらえませんでした。ところが、その日の午後に、市村社長のところにわざわざその未亡人が訪ねてきました。何度も来てもらっているが、売る気はないので、はっきりと断りたいとやって来たのです。戦後間もない時期で、交通機関も満足ではなく、道も悪く、夫人の着物の裾や足袋に泥雪がはね上がって汚れ、その体は冷え切っていました。しかも受付は来客者で混み合い、夫人の顔を知る社員もいませんでした。

そのとき、一人の女子事務員が、その夫人を見るや、即座に暖かい自分のスリッパを脱いではかせ、その体を抱きかかえるようにして、市村社長の部屋まで案内したのです。この無償の行為が、夫人の心を打ったのです。夫人は市村社長に会うと、いきなりいいました。

「市村さん、実は今日は、土地の件をはっきりとお断りするつもりで来ましたが、ここへ上がってくる途中で気が変わりました。あなたのことがよく分かりました。こういう人が経営する会社に譲るのでしたら、先祖もきっと喜んでくれるでしょう。無条件でお譲りいたしましょう」と。

市村社長は、この体験から、純粋に相手を思いやる行為は、その人の心を動かすということ、事業者として顧客本位の姿勢になり切ることの大切さを学んだといいます。これと似た体験をした事業者もおられるのではないでしょうか。このような顧客本位の姿勢を忘れないことが、顧客拡大の前提といえるでしょう。

3. クレームは宝の山

多くの経営者が、一番心地よく感ずるのは、満足したお客様のほめ言葉であり、反対に一番聞きたくない言葉は、お客様からの不満の声、苦情の声ではないでしょうか。しかしクレームに対してどのように対処するかによって、その会社の運命が変わります。

通常、商品・サービスに不満がある場合、お客様はどういう行動をとるでしょうか。

第1のパターン……無言で去り、二度と来ない。

大多数の顧客は、直接苦情をいわないといわれています。「苦情をいってもしょうがない」とか、「自分にも落ち度があった」という一種のあきらめの心理に支配されがちだからです。しかし、心の中では「今後一切この店にはこないぞ」と固く決意し、他の人にもそのことを話します。つまり黙って去るだけではなく、強力なマイナスのセールスマンに変身します。

だから、クレームが直接聞こえてこないからと、のんきに構えていると大変なことになります。

第2のパターン……苦情をいってくる。

商品、サービスに対して、苦情を寄せてくる人は少数派に属します。そのときの対応を間違えると、やはりお客様として永遠に戻ってくることはありません。ただひたすらに、お客様の声に納得するまで耳を傾け、誠意を持って対応することです。苦情に対しての迅速かつ誠意のある対応は、逆にクレーム客を熱烈なファンに変身させることがあります。苦情をいってくれるお客様は「貴重な存在」であり、わが社にとっては、ありがたいお客様です。

4．正しいクレーム処理

クレーム処理の対応の誤りは、企業の屋台骨を揺るがすことにもなりかねません。企業によっては、クレームは現場で握りつぶされ、トップ層にあがってこない例もありますので、クレーム受付体制の整備、意思統一をきちんと図っておくことが重要です。クレーム処理の基本は、別掲の通りです。

5．顧客無視はしっぺ返しを食う

以前、ある家電メーカーのケースですが、製品のクリーンヒーターで死亡事故が起きたにも関わらず、その事実がトップにまで伝わらず、大変な問題となったことがありました。この場合は、欠陥製品を作っただけでなく、都合の悪い情報（クレーム）が、上に報告されていなかったことが判明し、大問題となりました。

企業は公器といわれます。その役割を忘れ、利益の追求のために法令等を守らず、しかも都合の悪いところは隠すなどして、お客様の信頼を裏切り、結果的に企業の存亡に関わる事態を招いてしまった企業は、最近でも枚挙にいとまがないほどです。いずれのケースも、一夜にして、長年かけて作られてきた企業イメー

クレーム処理の基本

① すべての業務に優先すべき課題であることを社内に徹底する。
② クレームが入る風土作りを行う。
③ クレームそのものの責任よりも、報告をしない責任を問うようにする。
④ お客様に対しては、絶対に言い訳をしない。
⑤ 社長に素早く報告する体制を作ること。

ジを失墜させてしまい、取り返しのつかない重大事態を招いています。

6. 顧客戦略の基本 ― 顧客層を絞り込む

企業の「顧客」とはどのような人を指すのでしょうか。長期にわたって、安定的にわが社の商品、サービスを買ってくれている「固定客」のことでしょうか。それだけではありません。今までにわが社の商品、サービスを利用した人はもちろん、買ってくれる可能性のある「潜在顧客」も含めて考えるべきではないでしょうか。しかし、そうはいっても「誰もがみんなお客様」といった発想は、中途半端となってしまい、結局「誰にも利用してもらえない」ということになりかねません。所得階層、年齢層、嗜好などの観点から、わが社の「顧客層」を絞りこみ、的を絞った営業展開が必要となります。

顧客を、所得の状況、年齢層、性別、生活圏、自店との距離、趣味嗜好等々の観点から分析すると、おおよその顧客像が浮かび上がってきます。その結果に基づき、ターゲットを絞り、営業活動を行っていくことが必要です。またお客様の生の声をダイレクトに聞いて、販売活動に活かすことが重要です。

7．受注型の事業と見込型の事業

企業には、小売業、卸売業、製造業、建設業、サービス業などさまざまな業態がありますが、どのような事業でも、受注型と見込型のどちらかの業務形態に分類することが可能です（一つの企業で、両方の業務形態を行っている場合は、どちらが大きいかで判断します）。この考え方は経営コンサルタントの牟田學氏がその著書『社長業』（日本経営合理化協会）の中で明らかにした分類法です。両者は、事業内容・特性、顧客、価格決定方法、事業経営の最重点課題等が異なります。売上拡大策といっても、見込型の事業と受注型の事業では、その方法が異なるということを理解していないと、「労多くして益少なし」ということになります。

8．売上拡大方法の違い

受注型事業の場合は、特定少数の顧客との間により密接な人間関係を築く必要があり、見込型事業の場合は、不特定多数の顧客がターゲットであり、商品力向上、商品の魅力アップに経営資源を集中的に投入することが大切です。

9．見込型事業は、指名買い（ブランド化）を目指せ

見込型事業は、顧客が不特定多数であり、売上増大のためには、その扱う「商品の力、商品の魅力向上」が不可欠の要件です。いかにしてわが社の商品、サービスを選択してもらうか、そのためには商品開発と顧客に選ばれる条件（ブランド化）が必要です。ブランドとは、商品そのものがもつイメージ、他の商品よりすぐれた品質、顧客からの認知などにより、指名買いされる要件を備えた、他に卓越した魅力をいいます。

受注型事業と見込型事業

事業形態	受注型事業	見込型事業
事業内容	・会計事務所・印刷業 ・運送業・土木建築業 ・造船業・下請加工業	・出版業・ホテル・レストラン ・一般小売・百貨店 ・スーパー
特　性	・安定的・冒険性がない ・基本的に儲からない体質 ・利幅少なくまじめに努力	・不安定、危険性・冒険性が高い ・場合によっては大儲けも可能 ・大損の可能性もある
得意先	・特定少数の得意先 ・繰り返しがきく	・不特定多数の顧客
価格設定	・販売価格は世間相場や得意先に主導権あり ・受注した数量のみ生産	・販売価格、生産数量も自ら決定
最重点項目	・顧客が命 ・顧客との人間関係の構築	・商品力が命 ・商品開発力、ブランド力

ここをより強力にするために、お金や時間を使うべきです。

飲食店や菓子小売店の場合

例えば飲食店等では、その店にしかないこだわりの味、門外不出の秘伝のタレなどが売りであり、どこにも負けない商品の魅力が必要です。菓子の場合も、良い原料を使った良い製品作りを行い、その地域の名物にしていく努力、指名買いされるブランド作りが大切です。一朝一夕ではできませんが、全国には、「赤福」「もみじ饅頭」「白い恋人」等々、「あそこへいったらこのお菓子が名物」というオンリーワンのお菓子があります。この他、シュークリームを「一日一〇〇個限定」で売り出し、話題を呼んでいるお店のように、「供給制限戦略」も有効です。

八百屋の場合

ある八百屋の例ですが、「本日の超目玉」と銘打って、昨日はキャベツ、今日はほうれんそう、明日はネギと、毎日一品、その日市場で一番安い野菜を大量に仕入れ、超廉価で販売しています。固定費が確保されていれば、後はダンピングの論理。すなわち売上増加分の粗利益額がそのまま経常利益になるため、積極的な営業を展開しています。また積極的に御用聞きを行っており、前日の夕方から夜にかけてきめ細かく注文をとり、翌日納品するので、連日完売です。このように、本来見込型である事業に、受注型の要素を取り込んだことによって、在庫リスクを回避しています。

10. 受注型事業は顧客訪問をせよ

これに対して、受注型事業の場合は、特定少数の顧客に対して売上げを上げていくという性格であり、価格決定のリーダーシップも顧客が握っています。そこでは、いかにして顧客との信頼関係を築いていくかが売上増加のポイントとなります。社員教育と顧客との密着度を高めること、すなわち顧客への定期訪問・巡回訪問が大事です。担当営業マンはもちろんですが、社長自らが顧客訪問を行うことも効果的です。社長の訪問は短時間の訪問でもよく、事前のアポイントを取らなくても、気軽に何回も訪問する方が効果があります。

受注型事業ではいかに顧客から選択される体制を作るかがポイントとなります。顧客は、受注する側の企画力、技術力、納期、価格など総合的な観点から信頼とサービスを購入することになります。社員教育と顧客への巡回訪問が重点事項です。会社の事情を優先させず、顧客との良好な関係をどのように築くかで、その盛衰が決まります。

次のようなサービスをしている住宅建築会社があります。

・引き渡し後に年に数回はサービス定期訪問を行う。
・毎年住宅を引き渡した日を「住まいの誕生日」と呼んで、記念品を贈る。
・不都合な点がないか、困っていることはないかを定期的に電話で聞き、問題があれば、即訪問し解決する。

施工そのものの対応が良いだけではなく、このような施工後の対応にも満足したお客様は、必ず友人や知人に、そのことを話し、そこから次々に顧客が紹介されているといいます。

運送業の場合

運送業も典型的な受注型事業ですが、「モノ」を運ぶだけではなく、預かった荷物が、きちんと相手に引き渡されるまでの総合的なサービスの質が決め手です。到着時間を守ることは当然であり、運転手が会社を代表して、送り主に代わって「品物」を届けるとの意識を徹底させ、きちんとした挨拶、説明ができる運転手の育成が重要です。業界の特徴として、傭車で運送することが多いので、自社の運転手だけでなく、下請け会社の運転手に対しても、きちんとした教育を行うことが必要です。

会計事務所の場合

企業の関心は、「税金」から「経営」に移ってきています。経営者は、どうしたら売上げが向上するのか、どうしたら資金が回転していくのかを絶えず考えています。会計事務所はそのような要望に耳を傾け、これに応えていく必要があります。そのためには、社員教育が重要課題です。さらにスタッフには法律知識等に裏付けられた高い専門性が要求され、顧問先の経理担当者の指導も重要な仕事です。また法令遵守の姿勢が必要です。

11．お客様をセールスマンに

「満足したお客様は、良いセールスマンになる」の言葉通り、満足した顧客は、企業や商品のPRをしてくれます。これは誠心誠意仕事に取り組んだ結果です。その正反対に「不満を持ったお客様はマイナスのセールスマン」になります。企業の姿勢、考え方、社員の行動などはすべてお客様にチェックされています。業種や規模の大小には関係なく、常にお客様のために何ができるかを最優先で考える姿勢があるかどうかが決め手になります。

第5節　データを経営に生かせ

経営は、しばしば自動車の運転に例えられます。自動車走行の際に、スピードやガソリンの残量等を見るように、企業経営においても経営の状態を示すさまざまなデータを読みながら、合理的で戦略的な経営を心がけましょう。そのためには、カンと経験だけを唯一の頼りにする経営から、毎月、月次決算を行って、直近月の業績データを把握した上で、次の打ち手を考えることをおすすめします。さらに業績データは、全社の数字を部門別や商品別等にまで細分化することによって、より戦略的な意思決定をすることが可能になります。

「財務データ」と「現場データ」

財務データの中から、このように経営に直接役立つ数値を把握する手法を、「管理会計」といいます（これに対して、株主総会や申告納税等のために過去の経営活動の結果を、会計法令に従って集約したものを「財務会計」といいます）。直近の財務データを管理会計の手法で読み取り、経営に活用することが重要です。

また会社には、これらの財務データだけではなく、多種多様な「現場データ」が存在しています。例えば一日当たりの顧客数、製品のロス率、クレーム件数等々です。これらのデータにあまり注目していない企業が多いようですが、自社の業績アップのために活用できる現場データを発見し、これを常にチェックすることによって、より戦略的な経営を目指しましょう。

財務データのポイント

① 収益性分析…………利益を出しているのか。
② 生産性分析…………能率が良いのか悪いのか。
③ 安全性分析…………財務内容が健全なのかどうか。
④ 損益分岐点分析……いくらの売上げがないと赤字になるのか。
⑤ 成長性分析…………成長発展しているのかどうか。

Ⅰ　財務データを生かす

経営者は、財務データから何を読み取り、何をチェックしながら経営していけばよいのでしょうか。

例えばＴＫＣ会計事務所（ＴＫＣ全国会に所属する会計事務所）は、毎月顧客に対して直近の「月例経営分析表」を提供しています。その中で経営者が見るべき財務諸表の主なポイントは別掲の通りです。

１．収益性を見る

企業の存続発展のためには「利益」を計上することが要求されます。企業がどれだけ効率的に「利益」をあげていく力をもっているかどうかをチェックするのが収益性分析です。売上げがいくら増えても、それにかかわる変動費、固定費がそれ以上の割合で増大していては何にもなりません。収益性を図る尺度は「総資本営業利益率」「総資本経常利益率」「自己資本利益率」等で見ることができますが、中でも経常的に利益を獲得する能力すなわち総資本経常利益率と売上高経常利益率が高ければ高いほど企業の収益性が良いことを示しています。

$$\text{総資本経常利益率} = \frac{\text{経常利益}}{\text{総資本}} \times 100$$

$$\text{売上高経常利益率} = \frac{\text{経常利益}}{\text{純売上高}} \times 100$$

総資本経常利益率

総資本経常利益率は上の算式で計算されます。

経常利益は、営業利益に営業外収入・営業外費用を加減したものであり、借入金にかかる支払利息も経常利益に反映されます。この指標から企業の収益性の状況と経常的に利益をあげる力を読み取ることができます。自己資本の多い企業は、金利負担が少ないため相対的に高くなり、逆に借入金が多く金利負担が多い企業の場合は低くなります。総資本経常利益率が低い場合には、資本の回転率が低い、売上高経常利益率が低い、または双方が低いことが考えられます。

売上高経常利益率

売上高経常利益率は上の算式で計算されます。

この比率は売上高に対する経常利益の割合を示すもので、本業である営業活動の他、設備投資、資金運用など財務的活動も含めた企業の経常的な経営成績をあらわすものです。企業は資本調達を行い、事業を推進していきますが、他人資本（長期・短期借入金）に対する依存度が高ければ金利負担が多く、経常利益が営業利益を下回ることになります。反対に余剰資金の運用が効率的にできている場合は、経常利益が営業利益を上回ることになります。この売上高経常利益率は企業の体質により大きく差が出てきます。例えば同じ業種、同じ規模の会社で、営業利益まで同じであったとしても、財務体質が悪く借入金が多い場合には低くなり、借入金が少ない場合には高くなります。資金繰りが厳しければ厳しいほど、金利は高くなる傾向にあり、そのような場合は、借入金の圧縮と自己資本の増強が急務となります。

健全経営のためには、財務の健全化を図ることが重要なので、例えば不要資産の売却、役員等個人借入金の資本組入れなども検討しましょう。

2．生産性を見る

(1) 一人当たりに換算する

生産性分析を行う場合、単位ごとにチェックをすると実態が浮かび上がってきます。

例えば、次のようなものが挙げられます。

・一人当たり経常利益＝経常利益÷従事員数
・一人当たり売上高＝売上高÷従事員数
・一人当たり限界利益＝限界利益÷従事員数
・一人当たり人件費＝人件費（法定福利費等を含む）÷従事員数

ここでは同業他社との比較も重要ですが、わが社の数値を時系列に見ていくと会社の実態が浮かび上がってきます。仮に年商二億円で経常利益が一〇〇〇万円であった場合なら、感覚的にはまずまずかなという気もしますが、一人当たりに換算したらどうでしょうか。例えば、従業員三〇人であれば一人当たりに換算す

労働分配率＝人件費÷限界利益（付加価値）×100

ると月額二万八千円程度でしかありません。限界利益が一人二万八千円減少するか、あるいは固定費が二万八千円上昇するかで、その程度の利益は吹きとんでしまう計算になります。

一〇〇〇万円といえば儲かっているように感じてしまいますが、ここにカン違いがあります。実際には個々の社員の給与を月二万八千円上げたら消滅してしまうだけの利益しかないのです。企業が目標とすべき利益は、その企業が計上可能な利益を超えるべきであるといわれています（目標利益＞計上可能な利益）。

健全経営のためにはさらなる利益体質への転換が重要です。

⑵ 労働分配率

労働分配率は上の算式で計算されます。

労働分配率とは、企業が経営活動の中で生み出した限界利益額（付加価値）のうち、どれだけが人件費にあてられているかの割合を示します。人件費には、製造原価の中の人件費項目（賃金、賞与、雑給、法定福利費、福利厚生費、退職金など）、販売管理費の中の人件費項目（役員報酬、販売員給与、事務員給与、賞与、法定福利費、福利厚生費など）が含まれます。

労働分配率は人員増加、昇給等により上昇していきますが、限界利益の低下によっても上昇します。労働分配率は低いほうが望ましいわけですが、低い理由が社員の低賃金による場合は、士気の低下を招いてしまいます。理想的には「労働分配率はより

$$自己資本比率 = \frac{自己資本}{総資本} \times 100$$

低く、一人当たり給与はより高く」ということになります。

3. 安全性を見る

(1) 自己資本比率

自己資本比率は総資本（総資産）の内に占める自己資本の割合を示すものであり、上の算式で表されます。

自己資本比率が高ければ高いほど財務の健全性が高く、逆に自己資本比率が低い場合は、他人資本が多いということであり、財務の健全性は低いといえます。他人資本には、調達コスト（金利負担）がかかります。

まして債務超過の状態（負債＞総資産）に陥ると、支払うべき債務に対しその原資となる資産が下回ることになり、重大な事態となります。

このように資本の構造が、企業の安全性、収益性に大きな影響を与えます。

日本の中小企業の自己資本比率は一般的に低いといわれていますが、企業の長期的な安定のためには、自己資本比率を高めるために、より利益をあげる仕組みを構築する必要があります。

自己資本比率を高めるには、

①まず何よりも利益をあげること。

②経営者からの借入金等がある場合は、会社が債権放棄を受ける、ないしは増資に

$$\text{経営安全率} = \left(1 - \frac{\text{損益分岐点売上高}}{\text{純売上高}}\right) \times 100$$

$$\text{経常収支比率} = \frac{\text{経常収入}}{\text{経常支出}} \times 100$$

振り向けることを検討する、などの施策を検討し、自己資本比率を高めていく必要があります。

(2) 経営安全率

経営安全率は上の算式で算出されます。

企業が存続して行く上で、必要な利益を確保するために必要な売上の最低ラインが損益分岐点です。損益分岐点は、売上げと費用が一致する点の売上高であり、売上高がこれを上回ると利益が発生し、逆に下回ると赤字になります。経営安全率は、現状の限界利益率、固定費で、あとどのくらいの売上減少に耐えることができるかを表す数値であり、この比率が高ければそれだけ安全性が高いということになります。またこの数値がマイナスの場合には、その数値分をプラスにできれば、黒字に転換できます。

(3) 経常収支比率

売上げの増加がなかなか見込めない企業は、売上拡大を最優先課題とするあまり、つい売掛金の回収をおろそかにしがちです。しかし、回収を伴わない売上増加は非常に危険です。

資金収支は経常収入と経常支出とに分類されますが、資金繰りが順調にいくためには、経常的な取引から生ずる経常収支がプラス（一〇〇％以上）であることが前提となります。一〇〇％を下回る場合、企業の経常的な収入で経常的な支出をまかなうことができないことを意味しており、不足部分については借入金などでまかなわなければなりません。反対に一〇〇％を上回る場合には、経常収支による資金余剰が発生しており、その余剰分を設備投資や借入金の返済などに充当できるので、経営の安定化をもたらします。

①「総収益」と「経常収入」の違い

売上げなどの「総収益」は発生主義の原則により販売時点で入金がなくとも計上されますが、これに対し実際に入ってきたお金が「経常収入」であり、この差が大きければ大きいほど、損益計算と資金の動きが違うことになります。ここでの重要なチェックポイントは「売上債権の増減」です。売上債権が増大すると、計上された収益の割には入金する資金が少なくなりますが、これに対応する仕入代金等は定期的な支払いサイトで支払う必要があるため、資金繰りを圧迫してしまい、いわゆる「勘定合って銭足らず」の状態になり、最悪の場合は黒字倒産にもなりかねません。「総収益」と「経常収入」の差を少なくするには「売上債権回転期間」の短縮を図ることがもっとも効果的です。そのためには個別の取引先ごとに回収期間の分析を行い、できるだけ回収期間を短縮する必要があります。また貸し倒れリスクを回避するためには、取引先ごとに与信管理を行うことも重要です。

②「総費用」と「経常支出」の違い

経営にかかわる諸費用すなわち変動費（仕入、外注費等）、人件費、その他固定費などの費用も発生主

$$損益分岐点売上高（月）= \frac{固定費}{1-（変動費÷純売上高）} ÷ 12$$

義の原則で計上されますが、これに対し実際に支払った金が支出となります。この時間差が大きければ大きいほど、「総収益」と「経常収入」の関係と同様、損益計算と資金の動きが違うことになります。

ここでの重要なチェックポイントは「買入債務の増減」と「棚卸資産の増減」です。「買入債務」とは、仕入を行ってはいるが、未だ支払いをしていない債務であり、これが増大すると一時的に資金余裕が生じますが、いずれ支払うべきものであり、根本的な解決にはなりません。また「棚卸資産」は、仕入を行ったものの未だ販売される前の状態にあり、売上げを通じて資金が回収されるまでに相当期間が必要なものです。したがって棚卸資産が増大することは、資金繰りの圧迫につながってしまいます。改善のためには「買入債務回転期間」の適正化と「棚卸資産回転期間」の短縮を図ることが重要ですが、「買入債務回転期間」は、長ければ良いというものではなく「売上債権回転期間」とバランスをとる必要があります。

人間は誰でもそうですが、「金」の間は大事に扱ってもそれが「モノ」に変わった途端に扱いが粗雑になりがちです。「棚卸資産回転期間」の増大は、不良在庫の発生にもつながり、また保管料などのコストアップにもつながっていきます。

4. 損益分岐点を見る

損益分岐点売上高

損益分岐点売上高は上の算式で計算されます。

対前年売上高比率　＝　今期純売上高　÷　前期純売上高

損益分岐点売上高は、利益がプラスマイナスゼロとなるポイント、収益と費用が一致する局面での売上高をいいます。売上高がこのポイントを上回ると利益に転じ、下回ると赤字になります。ただし、これはあくまでも損益から見たものであり、実際の資金の動きとは異なります。例えば、借入金の返済、定期積金、納税等を新たな借入金なしで行うためには、当然に損益分岐点売上高では、資金が不足することになります。

損益分岐点売上高は、できるだけ低いほうが、利益計上がしやすい体質となるため望ましいわけですが、これを引き下げるには、固定費の削減と限界利益率の向上がポイントとなります。

5．成長性を見る

対前年売上高比率

企業の成長性を分析するため、一般的に用いられるのが対前年売上高比率です。この数値によって、企業の売上高がどれだけ伸びたか分かります。ただし、これと同時に限界利益の伸びにも注目しなければなりません。

限界利益の伸びが売上げの伸びを下回っている場合には、収益性の低い商品の販売が多くなっているのか、あるいは全般的に利益率が下がっているかのどちらかに該当します。商品別、得意先別、部門別、支店別、車両別等に分析しその要因を突き止め、改善する必要があります。従業員数に変化がある場合は、単純な総売上だけでなく、

売上高	変動損益計算書ではすべての費用を変動費と固定費に区分して表示します。
ー　変動費	変動費…………売上高の増減に伴って変動する費用のことをいいます。
限界利益	
ー　固定費	固定費………売上げが増減しても変動しない費用です。
経常利益	限界利益……売上高ー変動費

一人当たり売上高の状況などもチェックしてみる必要があります。以上の他にも、経営分析にはいろいろな項目がありますが、欲張ってあれもこれも見るのではなくてポイントを絞って見ることが大切です。

「変動損益計算書」を活用する

本章の冒頭に、経営に直接役立つ「管理会計」の手法について説明しましたが、その代表的なものが「変動損益計算書」です。「変動損益計算書」は、これまでに述べた損益分岐点売上高の考え方を応用して、通常の損益計算書の製造原価、販売費、一般管理費等を、売上げの変動に比例して変動する経費（変動費）と売上げの変動に比例しない経費（固定費）とに組み替えたものです。これにより、改善ポイントが詳細に浮かび上がってくるので、経営者の意思決定に役立ちます。

通常の損益計算書では、製造原価の中に固定費が混入するので、売上総利益と売上高に直接の相関関係はなく、商品別、支店別など単位ごとの把握が困難です。変動損益計算書では、例えば目標利益を達成するためには売上高をいくら上げなければならないか、限界利益率をいくら向上させる必要があるのか、

通常の損益計算書と変動損益計算書

通常の損益計算書

売上高		1,000千円
原価	材料費	400千円
	工場人件費	200千円
	小計	600千円
売上総利益		400千円
販売費	店舗家賃	100千円
	販売人件費	150千円
	その他の経費	30千円
	小計	280千円
経常利益		120千円
売上総利益率：40%		
原価率：60%		

変動損益計算書

売上高	1,000千円
変動費	400千円
限界利益	600千円
固定費	480千円
経常利益	120千円
限界利益率：60%	
変動費率：40%	

固定費をいくら削減する必要があるのか、等々を具体的に把握することが可能であり「経営者の意思決定に役立つ情報を提供できる」構造になっています。

固定費の管理で重要な点は、限界利益の伸びと固定費の伸びをチェックすることです。具体的には、固定費の伸びを限界利益の伸びの範囲内に収めることが重要です。逆に固定費の伸びが限界利益の伸びを上回る場合には、経営は厳しくなります。固定費の中で最も重要性が高いのは人件費ですが、それについても付加価値対人件費で算出される労働分配率が重要なポイントになります。

限界利益とは売上高から変動費（売上げの増減と比例して増減する費用）を控除したものをいいます。そして企業は限界利益をより大きくするために売上増加を図りますが、必ずしも売上げの増加が限界利益の増加につながるわけではありません。限界利益率の低い商品の売上げばかりが伸びても、全体の限界利益が下がってしまうこともあります。そこで、次のことが重要です。

①　限界利益率の高い商品グループの販売拡大を行う。

②　売上げは多いが限界利益率の低い商品グループの限界利益率の改善を行う。

「TKC経営指標」（BAST―BUSINESS ANALYSES & STATISTICS by TKC）

「TKC経営指標」とは、全国九〇〇〇名の公認会計士・税理士（TKC会員）が日常業務の中で精密監査した経営データ（決算書）を集約した経営指標です。国税庁調査による全国の法人件数は約二五三万社、このうちBASTに掲載された企業数は九一七業種、二一万社以上（平成十六年版）に及んでいます。TKC会員事務所が毎月巡回監査を行い、企業の諸取引の実在性、真実性、網羅性などを全部監査した結果に基づいて編纂されたデータの信頼性は高く評価されています。ここには全国の中小企業の生の経営状況、生の姿が浮かび上がっています。

「月例経営分析表」

TKC会員事務所では毎月巡回監査を行い、経営者に対し五〇項目以上に及ぶ各種の経営データを「月例経営分析表」によって提供しています。同業他社との比較も可能となっているので、同業優良企業とわが社との間にどのような差があるのかをチェックし、改善の方向を探ることができます。

TKC経営指標の基本体系

① 3年度比較財務諸表・付加価値計算書（黒字企業平均）

② 3年度比較経営分析表（黒字企業平均）

③ 業種別財務諸表一覧（黒字企業平均）

④ 業種別経営分析表一覧表（黒字企業平均）

⑤ 総合財務諸表・付加価値計算書

⑥ 総合経営分析表

⑦ 比較財務諸表及び経営分析表（黒字企業）（優良企業）

⑧ 黒字企業の経営分析表（都道府県別・3大都市別）（経済圏別・3大都市別）

黒字企業の定義

・期末自己資本がプラスであること。

・当期損益がプラスであること。

の2つの条件を同時に満たす企業をいう。

継続して黒字を出している企業（2期連続）のうち、次を優良企業としている。

・総資本経常利益率……上位30%を抽出

・自己資本比率……………上記の上位85%を抽出

・1人当たり加工高………上記の上位85%を抽出

・流動比率……………………上記の上位85%を抽出

・経常利益額…………………上記の上位85%を抽出

2期比較が可能な継続黒字企業のうち、上位15%が優良企業に該当することになる。

II　現場データを生かす

企業には、さまざまな経営データがあります。全社や各部門別・各商品別の売上げ・利益等のデータ、製造品の不良率、返品率、顧客来店数、平均客単価など、業種・業態によっても異なりますが、ある特定のデータを見ることによって、正しく現状を把握することができます。これを本書では「現場データ」と呼びます。

1．現場データとは何か

「現場データ」の命名者は産能大学経営学部教授の宮田矢八郎氏です。宮田教授はその著書『収益結晶化理論』（ダイヤモンド社）によって、『ＴＫＣ経営指標』に収録されている膨大な中小企業の経営数値の中から、「優良企業」に共通する特性要因を探り出すという壮大な試みを行っています。

同書の中で、「現場データ」について次のように述べています。

「こうした経営改善にあたって不可欠なのが『現場データ』である。財務会計の並び替えにすぎない管理会計といえば言い過ぎであるが、これを実効あるものにするには財務データに形成されていく『現場データ』を把握し、このレベルで経営改善していく必要がある。言い換えれば**『現場データ』の結果、結実が財務データである**」。

宮田教授は、「**現場データとは、管理会計を深化させる手法で、業種別の管理手法である**」とも語っています。なお、同書の中では、「現場データ」の具体例として次のようなものが挙げられています。

部門別採算（工場別・営業所別・施工現場別・車輌別等）、販売別データ（得意先別・商品別・営業マン別等）、生産数量、工数、仕入・外注データ、材料ロス率、売掛管理表、月次資金繰り表等

2. 業種別の現場データを探る

宮田教授の「現場データ」の考え方は、中小企業の経営現場を多く見てきた我々、執筆グループにとって、思い当たるものであり、新鮮な刺激を与えてくれました。そこで各自が、自分の関与する個別企業の現場データを持ち寄って、検討しました。次頁に、その一部を掲載します。

3. 現場データを絞り込む

こうした「現場データ」はほんの一部にすぎません。我々執筆チームは、実際に企業で活用されている、これらの多種多様な現場データを収集する中で、次のようなことに気付きました。それは、「現場データ」を有効に活用している経営者は、数多くの現場データを総花的に見るのではなくて、それらの中から自社の業績や市場の動向を端的に分析できる特定のデータを絞り込み、これを毎日チェックしているということです。よくいわれる経営者の直観といわれるものも、このような裏付けがあってこそ、より有効性の大きなものになるのではないかと思われます。直近の業績データを入手して分析する際に、このような自社の経営実態に合った、「現場データ」を発見し、同時に検討することによって、よりきめの細かい経営戦略を実行することが可能になるはずです。

業種別に見た現場データ ①

① ソフトウェア業の現場データ

納入ソフトウェアの不具合による手戻り率
残業時間の月次データ
直接業務と間接業務の時間比率
部品の共有化率
システム事故件数（工程別・顧客別）
工程別の進捗率
外部資格の保有者数

② 建築資材卸業の現場データ

営業所別の売上げ・原価・粗利日計表
取引毎の原価・粗利金額
曜日別現金売上高

③ 中古車販売・修理

板金（来店数・契約数・契約率・作業台数・工賃・塗料代・粗利・売上げ）
買取（来店数・査定数・契約数・契約金額・粗利・売上げ）

④ 冠婚葬祭業

婚礼仮契約件数・本契約件数・キャンセル件数
婚礼別の売上日計表（貸衣裳代・ブーケ生花・写真等）
宴会売上日計表
会場別売上実績（婚礼獲得件数・施行件数・売上げ・総人数・平均人数・1件当たり売上げ・1人当たり売上げ）

業種別に見た現場データ ②

⑤ コンビニエンス・ストア
売上日計表（天候・曜日・前年曜日・売上高・前年同日売上高・客数・前年同日客数・客単価・前年同日客単価）
商品群別売上日計（売上高・前年比・廃棄高・廃棄率・粗利益高・粗利益率）
月別営業実績（売上げ・平均日販・前年比・平均客数・前年比・平均客単価・前年比）

⑥ 運送業
運転日報（乗車・積み下ろし作業・給油点検・待機・休息食事）
配車一覧表（積地・卸地・品名・数量・運賃・高速代・請求先）

⑦ 病院
本日の病棟別・医師別入院患者数
入院患者数・病棟稼働率
月次の外来受診件数（初診・再診・1日平均件数・レセプト枚数・初診紹介数）
院外処方箋枚数
月次外来・入院保険請求金額
医薬品代（当月・前年同月）
訪問看護ステーション月次実績（窓口収入・保険収入・医療保険・訪問回数）

⑧ 会計事務所の現場データ
顧問先企業への翌月巡回監査実施率
顧問先企業の40日決算実施率
顧問先企業の自計化率（パソコン会計FX2の導入率）
顧問先企業の決算書への書面添付実施率
顧問先企業への税務調査の是認率
顧問先企業への経営計画作成指導率
顧問先企業の顧客満足度調査の結果
関与先別の投入時間と顧問報酬の比率

第6節　自社の制約条件を突破せよ（TOCの手法）

TOC（Theory Of Constraints　制約理論）

Ⅰ　制約理論とは何か

自社の強みと弱みを客観的に知るということは、経営戦略を立てる上で、非常に重要なことです。多くの企業には、業績向上に向けて、経営改善をしようとしても、常にその障害となるような、自社固有の問題点があります。それが何かを知り、その改善に向けて全力を集中させることが、最も効果的な方法であると教える「制約理論」（TOC）の考え方を本節ではご紹介します。

1.「制約条件」を発見し、集中的に改善する

「制約理論」（TOC）はイスラエル生まれの経営改善手法です。日本でもこの手法を取り入れて全社的な経営改善活動を開始している企業があり、注目を集めています。この理論が、参考になると思われるのは、各部門の視点ではなく、企業全体の収益向上を阻んでいる「制約条件」（ボトル・ネック）を探しだし、その改善に全力を集中せよと教えている点です。「変える部分（変動部分）」と「変えない部分（固定部分）」とを明確にし、「変えるべき部分（制約条件）」のみを変えるという集中改善手法は、中小企業向きといえるかもしれません。本節では、その基本的なポイントを紹介します。

制約理論(TOC)の基本

1. 「お金を稼ぎ続ける」ことが全社の共通意識
2. 「制約条件」（ボトル・ネック）を探して解消する
3. 制約条件の解消に経営資源を集中させること

2. 企業全体の目標（ゴール）は何か

「制約理論」の最大の特徴は、製造・販売等の個別的な経営機能のみの改善（部分最適化）ではなく、会社全体にとっての最も重要な課題を探し解決すること（全体最適化）にあります。例えば、製造会社が、生産効率化のために、ＴＱＣ活動や、トヨタのカンバン方式（ジャスト・イン・タイム方式）等を導入した結果、高品質の製品を低コストで大量に生産できるようになったとしても、その製品が売れ残って在庫になったり、売れても資金が回収されていなければ、お金を手にすることはできません。そこで**全社共通の目標として「メイクマネー＝稼ぎ続けること」**を掲げ、それを遂行する障害となる**「制約条件」（ボトル・ネック）を発見して、そこに経営資源（リソース）を集中して改善すること**をすすめます。これが「制約理論」の最も基本となる考え方といえます。

以上の視点から、スピード経営、すなわち意思決定や行動の迅速化を目指します。「情報収集・意思決定・開発・生産（仕入）・販売・回収」のサイクルを可能な限り短くし、企業全体のキャッシュフローを最大限追求していこうとする考え方です。

3. 継続的改善の5つのステップ

「制約理論」（ＴＯＣ）では、五つのステップによって利益（スループッ

制約理論の5ステップ

① 制約条件をみつけること
② 制約条件を徹底的に活用すること……制約部門に改善を集中すること
③ 制約条件以外を制約条件に従属させる
④ 制約条件の能力を向上させる……人や設備に投資する
⑤ ①から④のプロセスを繰り返す……制約条件がどこに変化したか注意する

ゴールドラット博士（TOCの原典「ザ・ゴール」ダイヤモンド社）

ト）の増大を図ります。

営業活動・引合い・見積もり・受注・生産（仕入）・納品・請求・入金といった一連の業務の中で一番滞る制約条件を発見し、改善に集中します。制約条件は、改善によって解消されたり、環境変化によって他に移動していくことがあるので、常に仕事の流れを組織全体から見直す必要があります。

4．「他部門が悪い」というルーチンに落ち込まないこと

この「制約理論」に基づいて、全社的な改善運動を展開している企業がありますが、その場合には、部門長等が中心になって、各部門の制約条件を発見し改善に取り組んでいきます。しかし、その過程で部門間の軋轢（セクショナリズム）が生まれることがあります。つまり、「自部門の仕事がうまくいかないのは他部門のせいだ」という方向で意見が集約されてしまう可能性があるのです。

そこで部門長は、課題をすべて他部門に帰結させてしまうのではなく、問題を掘り下げ、自部門の制約条件を発見するようリーダーシップを発揮しつつ、複数の部門にかか

る問題点については、経営者、他部門長と協議して全社的なボトル・ネックを発見していきます。こうしたプロセスを踏まないと、全社的視点ではなく部門別のコストダウン活動に陥りかねません。前述したように「部分最適化」ではなく、「全体最適化」を実現するという経営者の首尾一貫した姿勢が求められます。

5．方針制約・市場制約・物理的制約の3つがある

「制約理論」（TOC）は、最小の努力で最大の利益をあげることを目指す経営手法です。「制約条件」は、左頁の方針制約、市場制約、物理的制約の三つに分類されます。

では、どのような制約条件があるのでしょうか。

開発や改良に時間がかかる

①スケジュール管理ができていない

・所要工数が把握できていない。
・特定の工程で時間を取られている。
・複数の開発テーマの優先順位がきちんと決められていない。

テーマの選択が担当者任せにされていたり、環境変化に対応できていないなど、戦略的に検討されていないことが多いようです。条件が変化した時点で優先順位を見直していくことが重要です。市場変化によって売価や使用量が大幅に変わることもあります（後述の「スループット」の考え方による優先付けが重要です）。

②開発・改良に関するノウハウが引き継がれていない

3つの制約条件

①方針制約

会社の経営方針上の制約を指します。

例えば、特定の種類の商品群のみを販売していて、仮に顧客の要望があっても、それ以外の商品は断固扱わないという方針を守っているといったケースが考えられます。特定のメンバーの顧客しか相手にしないといった戦略も方針制約の一つといえるでしょう。

②市場制約

自社の生産能力等が、市場の需要を上回っている状態を指します。例えば各家庭に一つあればよいと考えられている商品が行き渡ってしまっていて、それ以上は売れない状態です。このような場合には、需要を引き出す販売政策を検討する必要があります。さらに固定費を価格に反映させない、低価格政策を意図的に行って、自社の製品シェアを拡大するという方法も可能です。

③物理的制約

作業・事務処理能力の低い部門や設備の状態をいいます。

仮に顧客から1,000個の注文があったとしても、機械の生産能力の限界で、納期までに500個しか製造できなければ、物理的制約があったといえるでしょう。（物理的制約を生産改善手法と仕事の計画性（ドラム・バッファー・ロープ）によって解消します）。

・必要なスキルが作業ごとに明確になっていない。

生産が納期に間に合わない

①生産計画がうまく立てられていない

・受注予測が立てにくく飛び込み生産が多い。
・材料切れが発生している。

②在庫計画が適切でない

・製品や材料の安全在庫（バッファー）設定が適切ではない。
・製造ロットが適切でない。

売上げが増えない

①本来の営業訪問活動ができていない

・顧客からの問い合わせが多くて、時間を取られる。
・クレームが多く、対応に時間がかかる。

②計画性がない

・訪問計画やスケジュールが明確でない。
・社員に商品知識や企画力が不足している。
・営業ツールが足りない。

限界利益（粗利）＝売上高－変動費（＝仕入高－期末在庫＋期首在庫）
経常利益＝限界利益－固定費（≡一般的な売上げとは直接連動しない固定経費）

スループット＝売上高－仕入高－（期末在庫－期首在庫）
利益＝スループット－業務費用（人件費を含む）
スループット＝利益＋業務費用（人件費を含む）

II　制約理論特有の考え方

1.「スループット」（利益＋業務費用）の最大化

「制約理論」（ＴＯＣ）の目的は、「会社が現在から将来にわたって儲け続けること」にあります。

いくらヒットを打ったとしてもランナーがホームベースを踏まなければ、野球では得点にならないように、改善の実行が儲けに直結しなければ意味がありません。この儲けに関する独特の用語として「スループット」という概念が使われています。

管理会計の手法として、活用されている手法の一つに「変動損益計算書」の考え方があります。売上高から変動費をマイナスしたものが限界利益（粗利益）であり、そこからさらに固定費をマイナスしたものを、経常利益としています。部門別の業績管理等にも適した方法です。

これに対して、スループット会計では、売上高から仕入高等をマイナスしたものをスループットとして、そこから人件費を含む固定費的な業務費用をマイナスしたものを利益としています。

キャッシュフローに近い考え方ですが、従来の変動損益計算書の限界利益をキャッシュフロー化したといったほうが分かりやすいかもしれません。そこで、次頁のような例を参考にして変動損益計算書とスループット会計とを比較してみます。

2. 在庫は「機会損失」とみなす

スループット会計では、在庫は販売されるまでお金が会社に入ってこないので、マイナス項目となります。ここが伝統的な会計と決定的に違う点です。この例でも分かるように、限界利益の金額は、変動損益計算書と変わりません。しかし、スループット会計では、次頁の下表に見るように、四月は仕入に八〇〇万円と月末在庫が二〇〇万円あるのでスループットは、売上げからその合計を差し引いた一四〇〇万円となります。また、五月は月初・月末ともに在庫が一緒なので変動損益計算書と一致します。さらに六月では、四月とは逆に四〇〇万円の仕入と月初在庫が二〇〇万円あるので、スループットは二二〇〇万円となります。

このように、スループット会計では、在庫は販売できればお金になる商品を販売しないことによって、お金が入ってこない機会損失と認識します。つまりお金が実際入ったかどうかで判断します。四月から六月までの合計では変動損益計算書もスループット会計も結果は同じですが、在庫の考え方一つが大きく異なっているのです。

3. スループットの増大策

スループットの最大化を図るには①売上げの最大化、②在庫の低減、③業務費用（固定費）の圧縮という三つの方法が考えられます。

変動損益計算書とスループット会計

（設例）

・販売価格 80,000円　　・仕入単価　20,000円
・人件費5,000,000円　　・経費　　4,000,000円

		4月	5月	6月
仕入・販売数	月初棚卸高	0	100	100
	仕入高	400	300	200
	月末棚卸高	100	100	0
	販売高	300	300	300

		4月	5月	6月
変動損益計算書	売上高（A）	24,000,000	24,000,000	24,000,000
	期首棚卸高（B）	0	2,000,000	2,000,000
	仕入高（C）	8,000,000	6,000,000	4,000,000
	月末棚卸高（D）	2,000,000	2,000,000	0
	限界利益 A－C－(B－D)	18,000,000	18,000,000	18,000,000
	業務費用（人件費）	5,000,000	5,000,000	5,000,000
	業務費用（経費）	4,000,000	4,000,000	4,000,000
	当期利益	9,000,000	9,000,000	9,000,000

		4月	5月	6月
スループット会計	売上高（A）	24,000,000	24,000,000	24,000,000
	期首棚卸高（B）	0	2,000,000	2,000,000
	仕入高（C）	8,000,000	6,000,000	4,000,000
	月末棚卸高（D）	2,000,000	2,000,000	0
	スループット A－C－(D－B)	14,000,000	18,000,000	22,000,000
	業務費用（人件費）	5,000,000	5,000,000	5,000,000
	業務費用（経費）	4,000,000	4,000,000	4,000,000
	当期利益	5,000,000	9,000,000	13,000,000

(1) 売上げの最大化

最初に検討すべきことは、売上げの増大策です。極めて当然のことですが、儲け続けるためには、第一番に検討すべきテーマです。この点は、知恵によって大いに伸ばせる可能性があります。ただし、自社の状況が「手不足状態」か「手余り状態」かによって戦略が大きく異なります。

① 「手不足状態」：製品に対する需要が供給を上回っている状態

この場合、生産能力が一〇〇％近く稼動しているので、そこそこの利益を確保していると考える経営者も多いと思いますが、制約理論で考えると、スループット確保の機会損失が発生していることになります。したがって、生産能力という制約条件を解決する必要があります（後述の「ドラム・バッファー・ロープ」の手法を活用する）。ただし、過大設備投資によって「手余り状態」になることを避けるために、すぐに設備投資等に走るのではなく、徹底的に制約部門を活用します。まずムダを排除することです。

② 「手余り状態」：需要が十分ではなく供給能力が余っている状態

「手余り状態」では、供給過剰の状態になっているので、市場の需要を喚起する戦略、例えば価格の見直し、製品の見直し、販路の見直しが必要になります。

需要を生産能力がまかなっている状態なので、スループットが最大化していると考える経営者もいると思いますが、さらにスループットを増大させることが可能です。

つまり、**スループット＝売上げ－仕入**で、**売上げ＞仕入**であれば損はしないので、需要を高めるために有効であれば、低価格戦略（仕入分をカバーする価格設定）を打ち出し、さらに売上げを伸ばすことが得策となります。ただし、この方法は短期間に行うことが有効です。サービス業であれば、在庫を持たないので、常にスループットを確保しないと資金繰りに困ることになります。そのために、余剰の人員や設備を最大限に活用することが肝要です。例えば、一万五千円の売上げで一万円儲けるよりは、三万円の売上げで一万円儲けることのほうが容易です。このように「手余り状態」の場合には、利益率より利益額を確保する方策が有効です。

③「手余り状態」から「手不足状態」に転換するには

人件費などの固定費を変動費化するように努力します。すなわち一人に二役〜三役を担当させて、より売上げに貢献できる仕組み作りに取り組みます。売上げを伸ばそうと考えるのではなくむしろお客様に喜んでもらうにはどうしたら良いのかを真剣に考えます。さらに在庫を持たないように、企画から販売までのリードタイムをできるだけ短くすることも必要です。このことは資金繰りの上からも非常に重要です。

(2) 在庫の低減

① 生産から販売までの時間が短く、利益率の高い製品を作る。

② 制約条件工程の作業時間を最小化する。

生産過程での制約条件を見つけるには、工程の負荷と能力について正確なデータが必要になります。生産能力に対して負荷の比率が一〇〇%を超えて、値が一番大きい工程のことを「制約条件工程」といいます。また、能力とは単位時間当たりの出来高または単位数量当たりの加工時間をさします。したがって、製造業が本当の意味で販売しているのは**「自社製品の生産量＝制約条件工程で使用した時間」**と定義できます。このことから、競争優位を保つためには、当然この「時間」をできる限りリアルタイムで管理して、いつでも時間を短縮できるようにデータを持っていることが重要です。小売業に置き換えれば、その商品ができるだけ短時間で売りつくされるよう仕組みを作っておき、不要在庫を持たないことです。ただし品切れになる確率の高い商品等は必要最低限の予備在庫を持たせる必要があります。

(3) 業務費用（固定費）の低減

スループットの増大を図る最後の手段は、経費の削減です。財務内容を社内で公開し、共通の問題意識を持って、全社一丸になって経費削減を進めていくことが必要です。人件費を見直す際には、業績に見合う分かりやすい成果配分（給与）方法の採用等を検討します。人件費削減の一例をあげれば、あるサービス業の会社では、一定の年齢に達したベテラン社員に対して、会社が独立をすすめています。季節的な変動が大きい仕事ですが、請負業として独立させれば、質の高いレベルが期待できるとの着眼点です。その結果、人件費は削減され、業務品質の向上につながっているといいます。

4. 「太鼓」（ドラム）・「間隔」（バッファー）・「綱」（ロープ）

次に、「制約理論」特有の用語を説明します。

「制約理論」（TOC）でいう「スループットの最大化」とは、制約条件を徹底的に改善すること、すなわち、ネック工程（生産性とリードタイムを決定付ける工程）を最大稼動させることを意味します。そして、在庫を最小にするには、「制約条件以外を制約条件に従属させること」により実現できます。具体的には、**スループットが最大で、かつ在庫が最小になるように、先頭工程の投入スケジュールを立案し、ネ**

ドラムとバッファーとロープ

（ドラム）を叩きながら、隊列全体に進むペースを教える（＝ボトル・ネック）
その前後には一定の間隔（バッファー）を空けて、次の人々が整然と進む。先頭グループとボトル・ネックの間を（ロープ）でつなぎ、先に進み過ぎないように、また遅れないようにコントロールする

ック工程以外の作業ルールをこれに従属させることです。これにより全体最適な生産プロセスの仕組みができ上がります。制約理論（TOC）では、これを「ドラム・バッファー・ロープ」という概念で説明しています。すなわち会社の業務過程を、多くの人々による隊列に見立てたものです。

隊列の進行速度を決めるのは、ドラムをたたく人＝制約条件（ボトル・ネック）です。その前後の人々（作業工程）が整然とした間隔（バッファー）で進むように調整します。さらに、ボトル・ネックの前を歩く先頭集団が、先に行き過ぎないように、その間にロープをかけることによって、全体の進行速度が、管理されます。

①ドラム：制約条件工程の生産速度を指し、工場全体のペースを決めているペースメーカー

生産速度は、生産工程が並列の場合と直列

並列と直列の生産工程

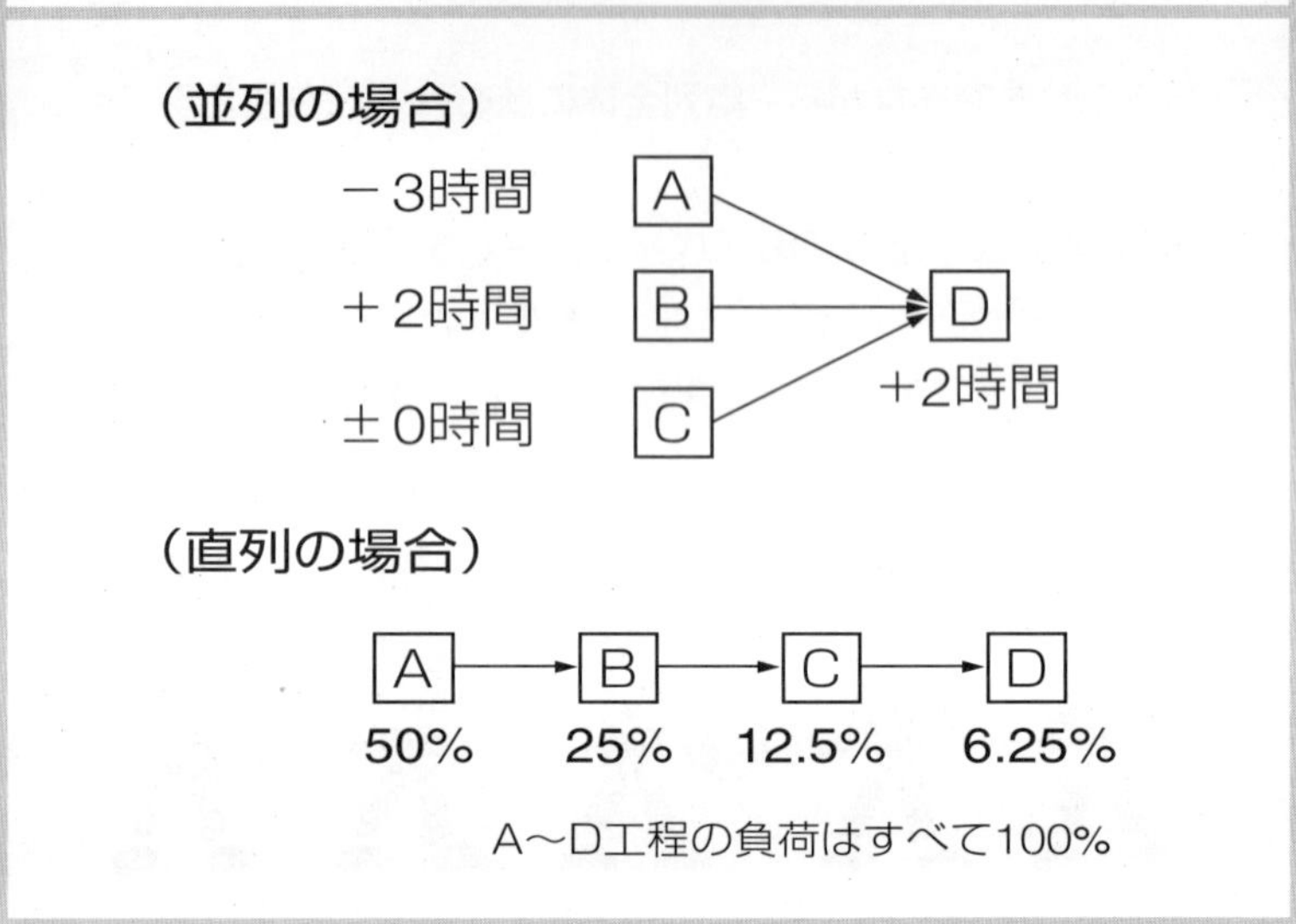

の場合とで異なります。まず並列の場合ですが、ＡＢＣの三つの工程が並行し、Ｄ工程で最終組立作業が行われる場合に、Ａ工程は予定より三時間早く終わり、Ｂ工程は二時間遅くなり、Ｃ工程は予定通りだったとすると、Ａ、Ｂ、Ｃ全部が終わらないと着手できないＤ工程には、Ａ工程が早く終了したことには何ら関係なく、Ｂ工程の二時間の遅れだけが伝わります。このＢ工程がドラムとなります。

次に直列の場合には、遅れは当然次工程に影響します。計画通り終了する場合でも、その確率は五〇％だとすると、順次Ａ工程五〇％、Ｂ工程二五％、Ｃ工程一二・五％、Ｄ工程六・二五％となります。**遅れは伝播するが、進みは伝播しない**ことが分かります。直列の場合にはすべての工程がネック工程となります。実際は、Ａ～Ｄ工程のどこかの工程だけが負荷率一〇〇％の工程であり、その工程がドラムとなります。

②バッファー：いつ起きるか分からないが、必ず起きる障害に対する保護能力

保護能力とは、制約条件より前の工程が持つべき能力の余裕（能力バッファー）です。さらに、全工程での生産リードタイムのばらつきに対して出荷時間を守るための能力の余裕（出荷バッファー）ともなります。バッファーを大きく取れば保護能力は少なくてすみますが、リードタイムが長くなります。バッファーを小さくすると保護能力を多めに取らないと生産が停止してしまい、スループットが失われかねません。

重要なことは、バッファー管理を通じて工程の問題点をつぶしていけば、徐々にバッファーを短くできることです。このことは、生産のリードタイムを短くしていくことにほかなりません。そして、バッファー管理さえしていれば、全工程の進捗管理しなくても生産管理は確実にできるということです。

③ロープ：ボトル・ネックと先頭のプロセスとの同調を特に管理することにより全体プロセスの管理範囲を限定する。

ロープをドラムから先頭工程につないで投入をコントロールすることにより、ロープの長さ（バッファーの時間）だけ、ドラムの前に原材料が引っ張られてきます。これによりすべての作業がドラムビートに同期され、複雑な生産工程を通過する原材料の流れがスムーズになります。

制約理論（TOC）を紹介した図書としてベストセラーになった『ザ・ゴール』（ダイヤモンド社）では、太っちょのハービー少年が制約条件（ボトル・ネック）となり、全体の進行の妨げになっていましたが、彼を列の先頭にして、荷物を仲間が分担したので、進行速度が一定になり、無事に目的地まで到達できました。このときのハービー少年を先頭にしてやることがドラム・バッファー・ロープの実例です。

「制約理論」の改善プロセス

① 制約条件をみつけること………………スループットの向上を図る

営業活動、受注、生産、納品、請求等の一連の業務プロセスの中で何がボトル・ネック（制約条件）になっているかを発見します。

② 制約条件を徹底的に改善すること……制約部門に改善を集中する

制約条件工程を改善します。それが生産設備であればそのフル稼働を目指します。生産性の低い制約部門でも、100%能力を発揮していないケースがもあります。

③ 制約条件以外を制約条件に従属させる……ドラム・バッファー・ロープ（DBR）

制約条件以外の作業ルールを決めます。方針制約の打破にも注意します。制約条件工程の稼動を止めないために、制約条件工程前のバッファー（時間的な余裕）の設置・制約条件工程の生産スピードに合わせた投入の実施・制約条件工程以外の作業ルールの作成と現場への徹底等を実施します。適正なスケジューリングが大事です。

④ 制約条件工程の能力を向上させる……人や設備に投資する

以上3つのステップを踏んでも制約部門が改善されない場合には、はじめて、資金の投入による改善や人の増強等を実施します。制約理論の長所は、まず知恵を使って徹底的に改善をすすめた上で、必要最低限の資金投入を行うことにあります。

⑤ ①から④のプロセスを繰り返す………制約条件の移動に注意する

このように改善を繰り返していくうちに、最終的には「方針制約」や「市場制約」等の改善テーマが浮かび上がってきて、よりレベルの高い経営改善につながる可能性があります。

【参考文献】

「ザ・ゴール」（エリヤフ・ゴールドラット　ダイヤモンド社）
「ザ・ゴール２」（エリヤフ・ゴールドラット　ダイヤモンド社）
「ＴＯＣ入門」（村上　悟　日本能率協会マネジメントセンター）
「図解ＴＯＣスループット経営」（小宮一慶　東洋経済新報社）
「最強の経営手法ＴＯＣ」（山中克敏　日経ＢＰ社）
「企業価値創造のためのＡＢＣとバランスト・スコアカード」（櫻井通晴　同文館出版）
「在庫が減る！　利益が上がる！　会社が変わる！」（村上　悟・石田忠由　中経出版）
「在庫ゼロ　リードタイム半減　ＴＯＣプロジェクト」（村上　悟・石田忠由・井川伸治　中経出版）
「思考を変える！　見方が変わる！　会社が変わる！」（石田忠由・佐々木俊雄　中経出版）
「会社再建」（湯谷昇羊　ダイヤモンド社）
「小さな会社の儲けのルール」（竹田陽一　フォレスト出版）
「６０分間・企業ダントツ化プロジェクト」（神田昌典　ダイヤモンド社）

第7節　資金調達の工夫をせよ

1. ディスクロージャーの時代がきた

長い間、中小企業には、決算書を公開するという慣習はありませんでした。この結果、「決算書は税務のためにある」という誤解が定着し、商法に定められた「貸借対照表は公告すべし」との規定も有名無実化していました。しかし、中小企業といえども、さまざまな利害関係者の支えによって存在しており、それらに対する説明責任を果たすために会計はあるといえます。現在では、中小企業といえども積極的に情報を公開したほうが資金調達等で有利になる状況になってきました。

2. 中小企業に対する無担保無保証融資の拡充

最近になって、金融機関の中小企業に対する無担保無保証融資が拡充されてきています。ただしその利用条件として決算書の質や信頼性が重要になってきています。経営計画を立案し、具体的な経営目標を持ち、社内での定期的な業績検討によって、当初の目標との差異の原因を把握し、軌道修正する業績管理体制を構築している企業であればその信頼度は一層高くなります。金融機関では、経営計画書等を要求することが多くなってきました。まして、経営改善の途上にある企業に対しては、実現可能性の高い「経営改善計画書」の策定と業績や見通しを社長の言葉で語ることを求めるようになりました。業績変化の原因を主要商品や得意先の動向から分析し、今後の予測も明確な根拠を持って説明することが必要とされる時代になったのです。そのためには、日常の管理資料としてもこれらをきちんと整備しておくことが必要になったのです。

3. 決算書のインターネット公開

商法の改正により、日刊紙や官報による公告に替えて、インターネットで貸借対照表等の公開ができるようになりました。この方法が定着するまでには時間がかかるかもしれません。しかし、積極的に公開しているのは自信がある企業、と考えれば、この制度は取引先選別の引き金になる可能性が高いといえます。なお、これは、定款変更を行い、公開するホームページのアドレスを登記すれば公開が可能となります。ホームページは自社のホームページでも他のホームページでも可能です。ちなみに、公的な機関（中小企業団体中央会など）やＴＫＣなどが公開の環境を整えています。

4. 中小会社の会計基準の制定

決算書の作成者と利用者との間で会計基準の共通理解なくして、コミュニケートすることは不可能です。これまでの企業会計原則を中心とする会計諸基準は、投資家保護の観点から必要とされる情報を提供することに主眼が置かれていました。しかし、株式を公開していない中小企業では、利害関係者の範囲が異なり、しかも、利害関係者の必要とする情報は明らかに大企業とは異なっています。また、ただでさえ、少人数で経理を行わざるを得ない中小企業にとって、国際会計基準に近い新会計基準を強制適用することは、過重負担を強いることになりかねません。さらに、それだけのコストを掛けて作成した決算書を果たして利害関係者が本当に必要としているかどうかという問題もありました。

そこで平成十四年六月に、中小企業庁から『中小企業の会計に関する研究会報告書』が発表され、これを受けて、日本税理士会連合会から『中小会社会計基準』と同チェックリストが、日本公認会計士協会からは『中小会社の会計基準』(意見書)が出され今まで不明確であった中小会社の会計基準に対する合意が形成されつつあります。正しい経理と公開を実施しようとする中小企業にとって、この『中小企業会計基準』は大いなる福音となるものです。さらに金融機関などの利用者にとっても、同基準に準拠しているということが、一定の信頼を担保する要素といえます。

5.直接金融の拡充

従来、中小企業の資金調達の手段は借入金だけといっても過言ではありませんでした。しかし、そもそも、資金の使途によっては、自己資本でまかなったほうが合目的な場合があります。例えば、研究開発資金は不安定な他人資本に依存するより自己資本に依存したほうが明らかに安定します。また、多店舗展開を行う場合も、借入金だけに頼ってしまうのは限界があります。

増資をすることによって、自己資本比率がアップし、金融機関による企業格付けがアップする可能性もでてきます。これまで中小企業は、税法の関係もあり(内部留保金に対して課税する「同族会社の内部留保金課税」)、過小資本のきらいがありました。しかし、規模が拡大するにつれて自己資本も増強していかなければ、安定的な資金繰りを実現することは困難です。今後は、中小企業といえども間接金融だけでなく、後述する社債やグリーンシート市場での直接金融による資金調達が増えてくることが予想されます。そのとき、カギとなるのが「ディスクロージャー制度」です。

借入金にせよ株式発行にせよ、他人から資金を受け入れた場合、その使途やその結果を報告するのは当た

TKC戦略経営者ローン取り扱い銀行

1．東京三菱銀行	2．北海道銀行	3．みちのく銀行
4．山形銀行	5．岩手銀行	6．東北銀行
7．七十七銀行	8．秋田銀行	9．東邦銀行
10．足利銀行	11．栃木銀行	12．常陽銀行
13．武蔵野銀行	14．千葉銀行	15．横浜銀行
16．京葉銀行	17．神奈川銀行	18．第四銀行
19．大光銀行	20．山梨中央銀行	21．八十二銀行
22．富山第一銀行	23．北國銀行	24．福井銀行
25．静岡銀行	26．十六銀行	27．愛知銀行
28．びわこ銀行	29．京都銀行	30．池田銀行
31．南都銀行	32．紀陽銀行	33．鳥取銀行
34．中国銀行	35．広島銀行	36．山口銀行
37．阿波銀行	38．香川銀行	39．伊予銀行
40．四国銀行	41．福岡銀行	42．親和銀行
43．宮崎銀行	44．沖縄銀行	

り前のことであり、前述したように、この役割を担うのが「会計」なのです。また、これを積極的に公開することが自社の信頼性の向上につながるのです。このように、中小企業でもまさに、「ディスクロージャーの時代が来た」といえます。今こそ会計を戦略的に活用することが求められているのです。

6．新しい資金調達法

⑴ 無担保無保証融資

　中小企業向けの無担保無保証融資の具体例に、「ＴＫＣ戦略経営者ローン」があります。同ローンは、東京三菱銀行と（株）ＴＫＣが共同で開発を行った法人用の融資サービスです。この仕組みを活用することで、一定の条件を満たしているＴＫＣ会員（全国約九〇〇〇名の税理士、公認会計士）の関与先企業は、無担保、第三者保証人なしで融資を受けることが可能です。ＴＫＣ戦略経営者ローンには、ＴＫＣ会員の関与先企業が使用するシステムに応じて「レギュラー」「ワイド」「ＴＫＫ保証」「ＴＫＫ極度保証」の融資サービスがあります。「レギュラー」は、借入申込みを行う企業がＴＫＣの財務会計ソフト「ＦＸ２シリーズ」を導入し、自計化体制に取り組み、かつ、「ＴＫＣ継続ＭＡＳシステム」により事業計画を作成していることが前提です。「ワイド」の場合は、両システムを必ずしも使用している必要はありません。ただし、借入申込みを行う企業が、ＴＫＣの財務会計システムを利用し、「真正な決算書」を作成していることが前提です。

⑵ 少人数私募債

中小企業の資金調達方法として注目を浴びているのが、少数特定の投資家向けの社債である少人数私募債です。有限会社や合名・合資会社は発行できませんが、株式会社であれば発行できます。発行に際し官庁への届出や社債管理会社を指定する必要もなく、取締役会の承認で、償還期間や利息、発行金額を自由に決められます。長期資金を固定した金利で調達できるので、いま利用企業数も増えています。

私募債が広がったきっかけは、二〇〇〇年四月から、信用保証協会が元本の九〇％を保証する、私募債の債務保証制度を開始してからです。二〇〇三年の末には、保証付きの私募債発行企業数は八千社を超え、二〇〇四年末には一兆円に達するといわれています。

① 少人数私募債発行の条件

取扱いを受けるためには次の条件を満たすことが必要です。

・社債の引受人が五〇名未満であること。
・不特定多数の者を勧誘するものでなく、引受後も不特定多数の者に譲渡される恐れがないこと。
・社債の発行総額を社債最低券面額で割った数が五〇未満であること。
すなわち、券面額が百万円の場合の発行限度額は四九〇〇万円になるということです。
・社債引受人には銀行や証券会社といった機関投資家（プロ）がいないこと。

②少人数私募債発行のメリット

少人数私募債には次のようなメリットがあります。
・利息の支払いが後払いであること。
・税務上、社債利子は配当とは異なり、損金算入ができること。
・無担保であるために、社債の発行には担保権設定に要する登記費用や印紙が不要であること。
・社長からの借入金がある場合には、これを社債に切り替えられ、個人と法人の取引関係が明確化すること。
社債の償還は、通常償還期日に一括払いするので、借入金のような途中返済負担がなく、資金の活用効果が大きいこと。
・償還期日に借換が可能なこと。
中小企業では、通常は、家族や親族、場合によっては取引先などが引き受けることが多いでしょうから、それらの社債権者にもメリットがなければなりません。昨今の低金利時代にある程度の高金利を提示できれば、それらにもメリットがあります。

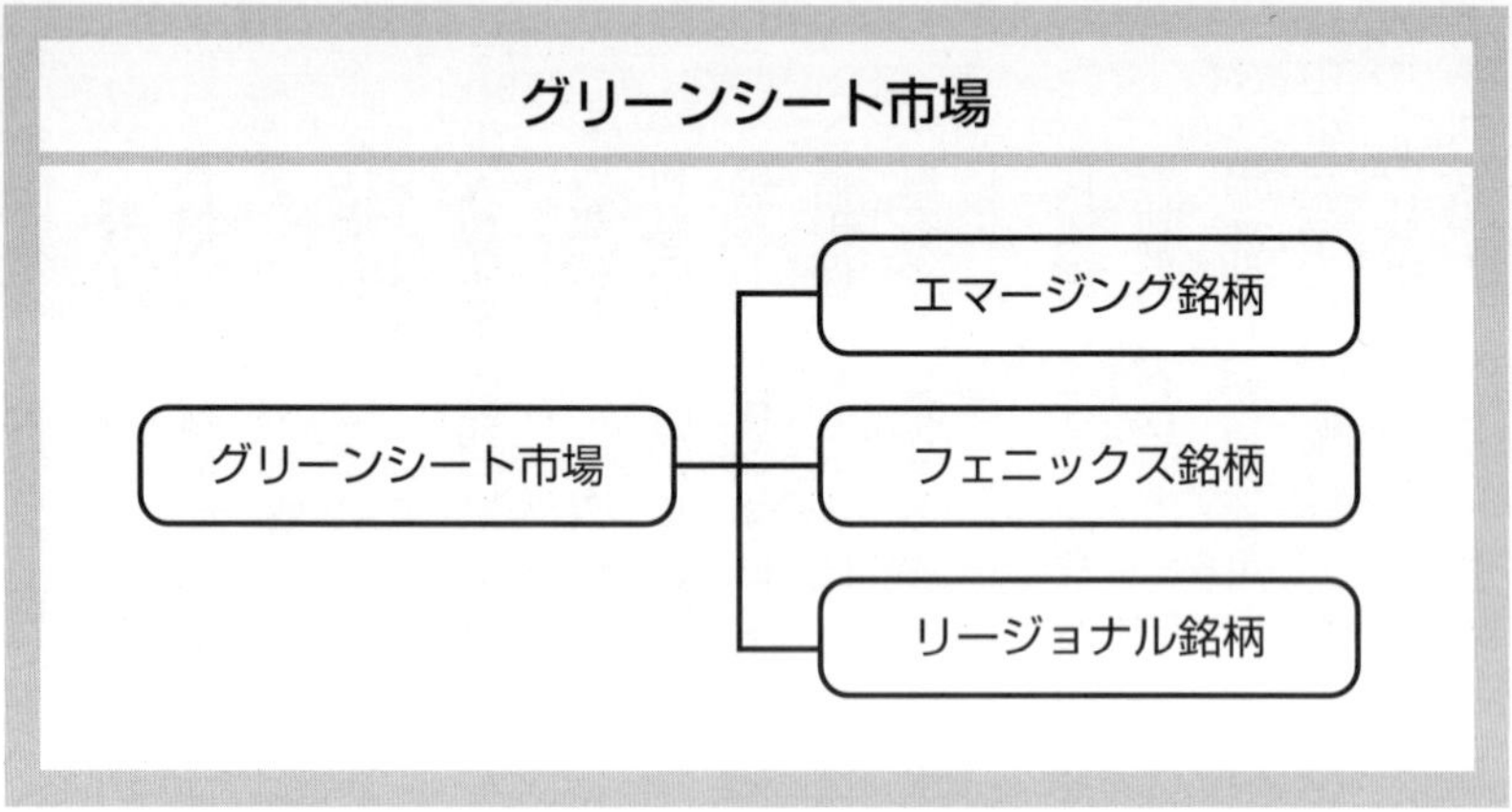

(3) 直接金融市場としてのグリーンシート

グリーンシートとは、日本証券業協会が平成九年七月からスタートさせた、未公開株の取引市場です。

未公開企業への資金調達の円滑化を図り、投資家の換金の場を確保することを目的として運営されています。

現在、わが国では、起業活動の活性化・ベンチャー型企業の育成に向け、さまざまな取り組みが行われており、そのためには、これらの企業にリスクマネーを供給する直接金融市場の活性化が不可欠であるといわれています。また、既存の企業についても、産業再生や企業再編が求められるようになり、それを促す動きも出てきています。エマージング銘柄は新興ベンチャー企業区分として、成長を志す中堅・中小企業が、証券会社による審査を経て、銘柄としての指定が認められれば、公募増資が可能です。その後は、一般の証券市場と同様に、流通市場で売買が行われています。エマージング銘柄には店頭市場を目指す企業が多いことから、上場準備のための証券市場ということもできます。これに対し、フェニックス銘柄は上場廃止後に継続取引されている企業の区分。リージョナル銘柄は地方の中堅企業などの区分です。フェニック

「エマージング銘柄」の公開基準

対象企業	店頭市場または証券取引所に上場を計画している企業（成長性とリスクを取扱主幹事証券会社が審査・決定）
株主数	基準なし
利益の額	基準なし
純資産の額	基準なし
時価総額	基準なし
発行済株式数	基準なし
監査意見	直前1事業年度の決算が適正意見であること

※　事業計画が明示されていない場合は、直前2期間の適正意見が必要

ス、リージョナルの銘柄区分では資金調達は行われず、証券会社を通じた売買のみが行われています。すなわち、株式の発行により資金調達を目指すのであれば、エマージング銘柄に登録することになります。

対象企業は社会性・成長性・安全性が重視されるので、例外もありますが、売上高一億円～一〇億円程度、利益は経常赤字～一億円程度とされています。ただ、過大な債務超過や小さいマーケット規模に依存している場合、経営者等に多額の貸付金がある会社などは公開が困難です。また公募増資に際しても、参加証券会社の既存顧客の他に当該企業の取引先関係者、役員・社員の知人などが中心となっています。このため、株主自体が企業の成長発展を応援するという気持ちが強く、「温かい株主」が中心となるといわれています。

通常、公開に際しては内部管理体制の確立が必要で、そのためのコスト負担は多額になります。これを避けるために、グリーンシート市場では、顧問の会計事務所を活用することにより、内部統制の弱点を補強しても良いことになっており、公開のための内部管理体制構築コストを抑えることができます。

【参考文献】

「ベンチャー市場株式公開マニュアル　第3版」（新日本監査法人公開業務本部　中央経済社）
「グリーンシート」（出縄良人　文芸社）
『少人数私募債』資金調達マニュアル」（持木邦子　明日香出版社）
「中小企業のための社債徹底活用法」（北村義郎　ＰＨＰ研究所）
「小さな会社の資金調達　こうすれば成功する」（原田伸宏　翔雲社）

第3章

「バランス・スコアカード経営」で会社を変革せよ!!

経営者にとって大事なことは、経営ビジョン（目標）と戦略を明確にし、これを全社一丸で実行することです。そこで、まず戦略立案のための基礎知識として、目標管理の手法とマーケティング分析にふれ、次に、経営目標を目に見える形に表し（可視化）、経営戦略を現場に落とし込む手法として注目されている「バランス・スコアカード（BSC）」の理論と方法を紹介します。

「バランス・スコアカード」とは、まず自社のビジョン・戦略を掲げ、次に四つの視点（財務・業務プロセス・顧客・人材と変革）ごとに「戦略目標」を立てて、これを達成するための「重要成功要因」（CSF）や「重要業績指標」（KPI）を明確にして、最終的に具体的なアクションプランにまで落とし込んでゆく手法です。この手法を活用することによって、会社の行うべき課題とその優先順位が全員に明らかになります。

第1節 目標管理とマーケティング

I 「PDCAサイクル」を社内に根付かせよう

1. 意識的に仕組み作りをしなければ機能しない

経営戦略に基づいて具体的な経営計画を立て、これを実行するというプロセスは、一見すると簡単なことのように思えますが、実際にはさまざまな課題があります。計画を立て、それを組織として確実に実行するということは、自然発生的にできることではなく、意識的に仕組み作りをしなければできないことです。いつまでに何を行うかという計画を立て、時間の経過する中で、定期的にその達成度合いをチェックし、計画した通りにいっていなければ、その原因を分析して、やり方を変更し、新たな取り組みを行う。こうしたステップは、あまりにも当然のことのようですが、日々の業務に追われがちな中小企業においては、経営者一人の頭の中で、これらの一連のプロセスが行われており、全社員を巻き込んだ仕組みができていない例が多いと思われます。

わが国でこのような「目標管理」の経営手法を取り入れるようになったのは、決して古いことではなく、一九五六年にピーター・F・ドラッカーが『現代の経営』で「目標管理」(MBO=Management By Objectives)の考え方を紹介したことがきっかけといわれています。その後「目標管理」は、最もポピュラーな経営手法の一つとなりましたが、これを確実に実行することは、経営の基本中の基本といえます。

2．目標を分割し、結果を評価する

「目標の設定─プロセスの管理─結果の評価」がＭＢＯの基本的な流れです。

目標管理の考え方は、ゴルフに例えると分かりやすいようです。ゴルフは、他者と競い合うスポーツに見えますが、その本質は、自分自身を相手にする性格のスポーツでもあるといわれています。この点は、「目標と自己統制によるマネジメント」である目標管理に共通するものがあります。ゴルフをする人は、ティーグランドに立ったときに、実力に応じて、パー（4）ないしボギー（5）などの目標を決めます（目標設定）。次に、第一打目をコースのどの地点をねらって打つのか、ミスショットを避けるためにはどうするかなどを頭の中で組み立て、ショットします（プロセスの管理）。

そして、一つのホールを終えるたびに、実際のスコアと当初の目標とを比較して、どこに問題があったかを反省し（結果の評価）、さらに次のティーグランドに向かいます。

ゴルフ場は、一ラウンド（通常パー72）が、山や谷があり、池やバンカーなどが配置された18のホールに分割されています。この目標を分割するというのも、「目標管理」の基本です。

3．経営者のリーダーシップで「ＰＤＣＡサイクル」を確立しよう

目標管理のプロセスを具体的に把握する手法として、よく知られているのが「ＰＤＣＡサイクル」です。目標達成に向けての各段階を、Ｐ（Plan プラン・計画）、Ｄ（Do ドゥ・実行）、Ｃ（Check チェック・検証）、Ａ（Action アクション・対策）のサイクルでとらえていこうというものです。目標達成までのプロセスをＰＤＣＡで整理すれば、具体的で分かりやすくなります。

すなわち、Ｐ（計画）にしたがってＤ（実行）して、毎月定期的にその結果を振り返るＣ（検証）。そして計画した通りにいっていなければ、必要な軌道修正Ａ（対策）を実行し、最終的に目標を達成していくというのが、基本的な目標管理のプロセスです。

この仕組みがなぜ重要なのかといえば、いくら素晴らしい計画を立てても、計画倒れに終わってしまうケースが多いからです。したがって、全社員一丸の経営を実行するには、このサイクルを社内で確実に回すことが重要です。そのためには、経営者自らリーダーシップを発揮して、このサイクルを具体的に、誰が、いつ、どのように行うのかを明確にして、実行させることが必要です。

4．全体のビジョン・戦略との整合性が大事

目標管理を行う際に、目標そのものの設定がうまくできないというケースがあります。目標をどう設定すればよいか分からない、目標を合理的に定量化しにくいという悩みを持っている例が多いようです。目標設定は、第2章第2節の「経営計画を活用せよ」でもふれたように、経営者の最重要職務の一つです。経営の理念を明確にし、ビジョンを立て、自社が存続していく上で必要となる売上高と利益の目標を含む総合的な経営戦略を明確にしていくべきです。

この視点を欠くと問題が生じます。例えば、販売業などの場合は、売上目標等を部内・担当者別に設定するなど目標管理が導入しやすい業種です。しかし、この場合でも、業務プロセスをまったく問わず、与えられた定量的な目標をクリアしたかどうかで、すべてを評価する「ノルマ管理」が極端に徹底されると、業績達成のみが唯一無二の価値基準となり、上司による威圧的な管理体制によって社風が悪化し、やがては業績達成そのものも危ぶまれる結果になりかねません。

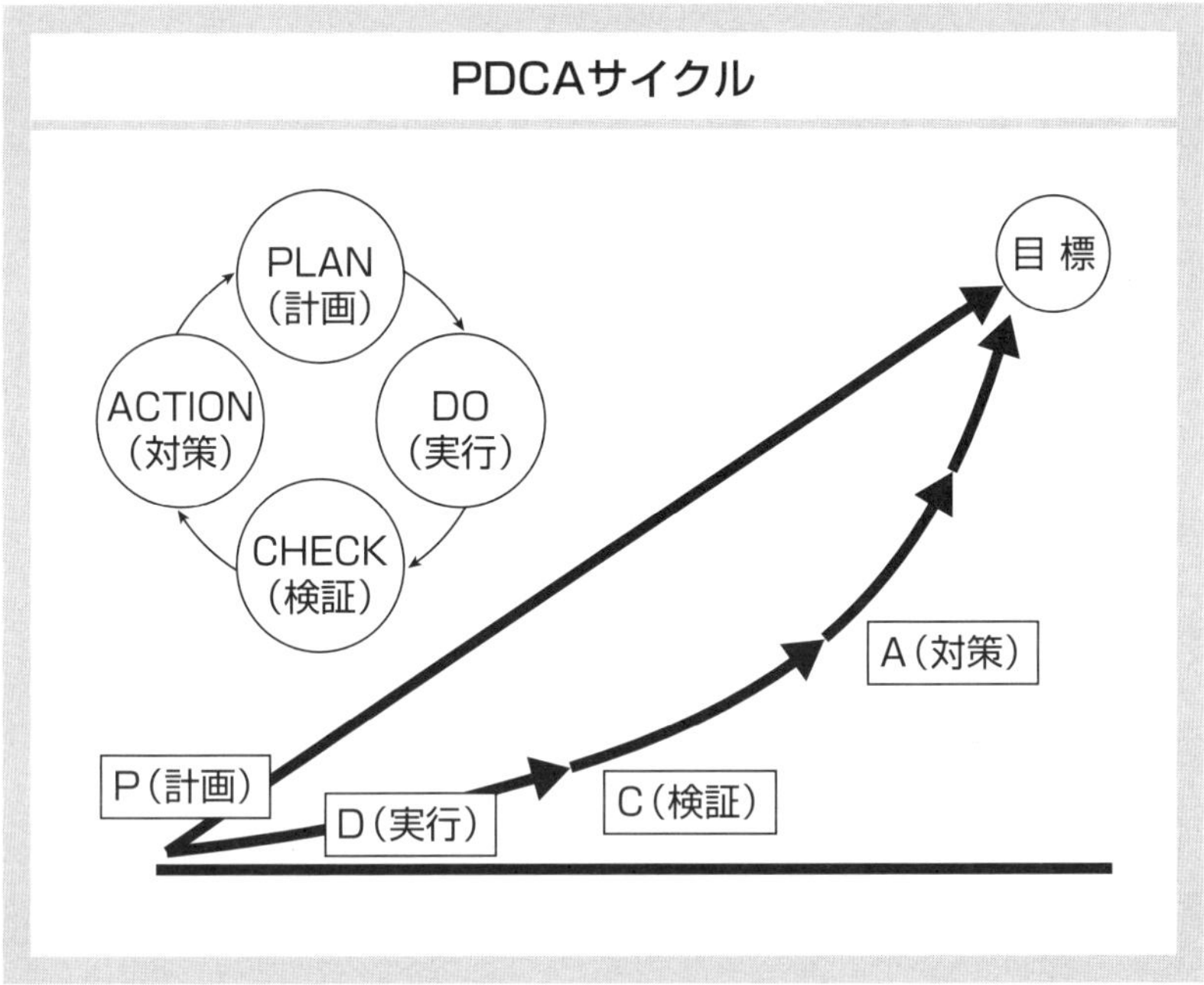

目標管理を本当に生かすには、「わが社はどうあるべきなのか」（理念、ビジョン）や「なぜ目標を達成しなければならないのか」（使命、ミッション）を明確にし、それに基づいて、顧客満足の追求や、人材の育成といった重要なテーマとの因果関係を明らかにして、バランスの良い目標設定をすることが非常に重要です。

そこで注目されるのが、全体の経営戦略をバランス良く組み立て、実行する後述の「バランス・スコアカード」（BSC）の手法です。バランス・スコアカードは、経営理念、ビジョンから始まって、具体的な課題までを網羅した経営戦略を立て、これを社内に浸透させることが可能な経営管理手法です。計画段階、実行段階、そのフォロー段階を通じて、経営の状況を一定の枠組みの中で見渡せ、全体を俯瞰できる地図のようなもので、時間軸でとらえることも可能です。したがってBSCで設定した目標を、目標管理の手法や、PDCAサイクルによって展開していけば、より効果的です。

II　マーケティング分析の手法

1．常に顧客からの視点で考える

マーケティングとは、商品や製品、サービスを市場のニーズにどのように適合させていくかを研究し、実践する方法論をいいます。ここでは原則として「消費者が市場における最も強い意思決定権を持つ」と考えます。

そしてマーケティングの巧拙が、事業の命運を左右します。小売業を例に取れば現在、多くの地方都市で「シャッター通り」と呼ばれる商店街の空洞化現象が見られます。多くの小売店が経営者の高齢化と後継者難、施設の老朽化が進む中で、大型店舗の攻勢にあって、休廃業を余儀なくされています。しかし、大型店等の進出に対して、「良い商品を安く提供されては、我々商店はたまらないから、国や県は、その出店を規制して欲しい」といった防御的な反応をするだけでは、いつまでたっても現状は打開できません。むしろ状況を前向きにとらえ、大型店舗には困難な品揃えやサービス等を顧客に提供して、共存共栄を図るといった顧客の視点からの発想転換こそ重要です。

2．一貫した顧客ポリシーをもつ

東京ディズニーランドは、きめの細かな顧客対応を実行している代表的なテーマパークですが、その特徴は、自社の経営戦略を徹底させている点にあります。事業そのものがアニメを中心としたキャラクターから始まっているので、園内はゴミ箱一つからスタッフのコスチュームに至るまで、デザインやイメージの統一に細心の注意が払われ、夢の世界の雰囲気作りのため、現実世界が見えないように、周辺のホテル等の高さも制限をしています。清掃は、数百人のスタッフが、深夜一斉に園内清掃を行い、園内ショップには、園外のショップと同じ商品は置かないなど、来園者（顧客）への配慮が随所に見られます。

同社の顧客サービスは、膨大なマニュアルによって支えられているといわれていますが、硬直的なものではないようです。ある日、園内レストランで若い夫婦が、余分にお子さまランチをオーダーしたので、女性スタッフが訳を聞くと、幼くして事故で亡くなった娘の命日だからといいます。これを聞いて子供用のいすをセットした女性スタッフに、両親が感謝の礼状を出し、その女性スタッフが社内表彰されたという話があります。こうしたエピソードは、同社がどのような人的サービスを目指しているかを物語っています。

このような顧客応対から、学ぶべき点があるのではないでしょうか。

3. 顧客層を絞り込み、独自性を打ち出す

大手企業といえどもマーケティングの失敗によって危機に陥る例が見られます。

破綻したA百貨店の社長は、破綻の最大の理由は、「A百貨店はどんな特長を持つのか?」という消費者の問いに、明確に答えることができなかったことにあると述懐しています。価格政策面でも、「高品質路線」でいくのか、「低価格路線」でいくのかが不明確で、特に重要な衣料品の分野で顧客ターゲットを絞りきれなかったことが、顧客離れにつながってしまいました。顧客層を絞りこみ、独自のカラーを打ち出すという、最も基本的なマーケティング戦略の失敗が、同百貨店の破綻原因となりました。

経営者は過去の成功体験や経験則にたよらず、マーケティング的発想で、改めて市場や顧客をよく見つめ直し、顧客層の絞り込みを行うことが必要です。

4．マーケティング分析の基本

一般的なマーケティングの基本的な流れは次の通りです。

(1) 市場ニーズの把握

店頭での判断、顧客の流れや流行（トレンド）等をチェックすることで、おおよその傾向は把握できますが、一歩踏み込んだ情報を得るためには、マーケティングリサーチ（市場調査）を行います。その手法には、顧客アンケート、企業インタビュー、消費者調査等があります。

(2) データの集計、分析検討

通常マーケティングリサーチによるデータは一定のサンプル量があるために、それを集計し統計的な数値に置き換えて分析検討するには、コンピュータの活用が便利です。

(3) 商品、製品等の企画立案

マーケティングリサーチで得たデータを集計分析しそれを商品・製品の企画立案に活かしていきます。こうして商品開発されたものを企業の戦略的なポジションにそって位置付けていきますが、これを通常「商品戦略（ＭＤ：マーチャンダイジング）」といいます。

(4) 販売ルート、数量等の検討

商品戦略が立ったら、次に販売ルートの選定、どの商品をいくつ売るという販売戦略の立案をします。既存の販売ルートのみに限定せず、まったく白紙の状態から考えてみる必要もあります。販売数量の予想については、例えば首都圏の百貨店などにおいては、季節商品（オーバーコートなど）をほぼ数着分の狂いもなく発注する辣腕のバイヤーが存在するといいます。このようなマーケティング的感覚を持つことも重要です。

(5) ＰＲ、キャンペーン等販売促進の検討

最後に以上を推進する「販売促進計画：セールスプロモーション（ＳＰ）」を検討します。広告戦略、キャンペーン企画、会員制度、イメージ戦略など多岐にわたる方法の中から自社に相応しい方法を選択します。

5. 自社の強みを見直そう

次のような視点で自社の現状を見直してみましょう。

(1) 立地の見直し

郊外の商店等では、立地条件は、最も重要な要素の一つです。特に近年では車によるアクセスが便利か否か、駐車場スペースが充分に取れるかどうかが大切な条件になっています。

また、商業中心地の移動現象が起きて、かつては繁華街だったのに、現在は中心が郊外へ移動しているような場合は、大胆な移動を検討する必要があります。過去三十年、四十年前に遡って、十年単位で賑わいの中心がどこに移っていったかを確認します。

⑵ 商品の見直し

伝統のある商品でも、現在の市場ニーズに合うか否かは冷静に再検討すべきで、ニーズに合わないと判断した場合は商品の切り捨てや改良も考慮する必要があります。

新しい商品については、商品戦略（ＭＤ：マーチャンダイジング）的な考え方が求められます。時代のニーズをとらえた冷静な判断に基づく商品戦略を考えていきます。小売店などの場合にはコンビニエンス・ストアのように、素早い商品の入れ替えも、重要な販売戦略の一つです。

⑶ 販売方法の見直し

前提となる市場の要求が、スピード化、細分化、広域化しており、様変わりしています。店頭での対面販売やルートセールスだけではなく技術的にさまざまな選択肢があります。

中でもインターネット等を使ったネットセールスについては検討の余地があります。ただしネットセールスの場合、それまで以上にコンテンツ（商品情報）の充実が要求され、マーチャンダイジングを含めた創造的な差別化戦略の構築が大前提となることはいうまでもありません。

⑷ 顧客対象（ターゲット）の見直し

どんな商売にも、必ず主力とする顧客層（ターゲット）があります。しかしその商品を使う層と、購入する層は必ずしもイコールではありません。例えば、子供の節句用品や新入学用品などは、使うのは子供でも、その祖父母がお金を支払う可能性が高いので、高年齢層が販売促進のターゲットになります。

またマイホームを建てる際に、家の仕様のほとんどは主婦によって決定されることが多く、しかも彼女たちは、マイホームに関して非常に多くの知識を有しているので、その眼鏡にかなう仕様やデザインをすることが重要になります。誰が購入し、誰が使用するのかを、もう一度よく確認しましょう。

(5) 販売促進方法の見直し

販売促進には、広告宣伝、会員制、ポイントカード、イベント開催等さまざまな選択肢があります。既存の方法でコストに見合う効果が上がっているか、企業イメージと乖離していないかなどを検討します。特に広告宣伝は、TV、ラジオ、新聞、雑誌、チラシ、DM、電話による勧誘、看板などその方法は多岐にわたります。コストの比較的かからないホームページの活用なども選択肢に加わってきました。ホームページは、販売促進効果だけでなく、自社のさまざまな情報を社会に開示するという意味でも重要性が高まっています。

6. 勝ち残るマーケティング戦略

マーケティング理論を戦略的に整理すると図のようになります。

これまで述べてきたマーケティング的な観点とその戦略を四つのマトリクスで表現すれば、次頁の図のようになります。

「現市場 — 現商品」…市場深耕戦略

市場深耕戦略とは、現在の市場に対し、現商品をもっと販売していこうという戦略であり、そのためには、社員教育を徹底し、接客マナーを向上させるなどして、顧客との関係をより密接にしていくことが必要です。

競争戦略の選択

1. 低コスト戦略 ・販売価格	①多店舗展開など「規模の経済」を追求することになる。 ②大量反復生産による「学習効果」でコストダウンを実現する。 ③店長以外はパート、アルバイトを活用する。 ④競争相手が同じ戦略だと厳しい値下げ競争となる。
2. 差別化戦略 ・品質 ・機能 ・デザイン ・サービス	①ユニークな商品(サービス)を開発し、ブランド力を高める。 ②差別化実現のためのコスト増は避けられない。 ③アフターサービスを重視したビジネスモデルを作る。 ④コア・コンピタンスの部分は内製を続ける。
3. 集中戦略 ・ニッチ ・セグメント ・特化	①特定顧客、特定製品、特定市場へ経営資源を集中する。 ②その結果として、差別化あるいは低コストのいずれか、または両方を実現する。 ③法律改正・技術革新により市場が一挙に無くなる危険がある。

参考:M. E. ポーター『競争の戦略』

市場戦略の選択

	現商品(現サービス)	新商品(新サービス)
現市場 (現顧客) チャネル	**Ⅰ. 市場深耕戦略** 今の商品をお客様を増やしてもっと売る!	**Ⅲ. 新商品開発戦略** 新商品を開発し今のお客様に売り始める!
新市場 (新顧客) チャネル	**Ⅱ. 新市場開拓戦略** 今の商品を新市場(商圏・客層)で売り始める!	**Ⅳ. 多角化・事業転換戦略** 成長が期待できる業種・業態に転換し新ビジネスを始める!

参考:H. I. アンゾフ『最新・戦略経営』

「新市場 ― 現商品」…新市場開拓戦略

新市場開拓戦略とは、新市場を開拓して、そこに現商品を投入して、売上高を高めていくことです。そのためには、人材のスカウトが必要になってくる場合もあるでしょうし、積極的に同業他社との提携をすすめたり広告宣伝活動に力を入れることなども必要です。

「現市場 ― 新商品」…新商品開発戦略

現市場に対して、新規の商品を開発し、投入することで売上高を高めていくことです。自分で開発しなくても、他社で開発したものを扱い始めることもここに当てはまります。そのためには、研究開発体制を充実させたり、新商品の機能等を顧客に説明するコンサルティング・セールスなどが不可欠です。

「新市場 ― 新商品」…多角化・事業転換戦略

新市場に新商品を投入することで売上高を高めていくことです。これには、成長が期待できる業種・業態に転換することも含まれます。他の戦略と比較して、ハイリスク・ハイリターンといえます。そのため厳密な事業計画・採算分析が必要であり、資金手当ての見通しなども重要です。外部コンサルタントの有効活用も検討すべきです。

自社商品の位置付け

自社の全商品を

①花形商品
②金のなる木

PPM（商品ポートフォリオ戦略）の考え方

市場競争力（相対的マーケットシェア）

		高い（強い）	低い（弱い）
市場成長率	高い	ヒット商品として売上は伸びているが、販売コストも大きい。 **花形商品**	追随商品なので売上はいまいち、利益は生まない。 **問題児**
	低い	売上は鈍化したが、コストは適正なので大きな利益を生む。 **金のなる木**	中途半端なので売上は小さく、赤字が続いている。 **負け犬**

出典:J・C・アベグレン『ポートフォリオ戦略』

③問題児
④負け犬

に分類してみましょう。

「花形商品」は「金のなる木」が作り出す?

いま「金のなる木」が、キャッシュを生んでいる間に、研究開発を行って次の新しい「花形商品」を作らなければなりません。

ただし、その新しい「花形商品」は、将来「金のなる木」へとつながるものでなければなりません。経営者に最も求められている才能は、そのような研究開発を行い、それを経営革新にまで発展させていく感性と指導力といえるでしょう。

7．知っておくと便利なSWOT分析の手法

経営戦略・方針を検討する際に、自社の「強み、弱み、機会、脅威」（ストレングス、ウィークネス、オポチュニティー、スレット）を客

SWOT分析

	強み（Strength）	弱み（Weakness）
内部環境		
	機会（Opportunity）	脅威（Threat）
外部環境		

観的に把握するＳＷＯＴ分析を活用すると便利です。

この手法は、戦略策定そのものには向いていませんが、その前提となる自社の現状分析には非常に役立つ手法です。次節で解説するバランス・スコアカードを導入する際にも、その四つの視点（財務・顧客・業務プロセス・人材と変革）のそれぞれについて、「強み、弱み、機会、脅威」をたくさん出し合って、それをいくつかのグループに分けて整理していくというプロセスをおすすめします。

この分析手法は、個別の企業だけではなく、例えば特定の業種・業界等の現状分析にも活用できます。次頁の図は、会計事務所の、それもＴＫＣ全国会に加盟している会計事務所の、ＳＷＯＴ分析です。

まず「強み」としては、関与先企業に毎月訪問する巡回監査によって可能な迅速な月次決算体制、経営計画作成支援・自計化による

会計事務所（TKC会員事務所）のSWOT分析

	強み（Strength）	弱み（Weakness）
内部環境	1. 翌月巡回監査率80％超と40日決算体制の堅持 2. K：継続MASによる経営改善計画等の策定 3. F：黒字決算を実現するFX2シリーズの提供 4. S：適正申告を担保とする書面添付制度の推進 5. 金融機関との提携（TKC戦略経営者ローンの提供） 6. 企業防衛・リスマネ・小規模共済等のサービス提供 7. TKCのアライアンス・パートナーとの提携	1. 関与先の業績悪化による報酬引き下げの圧力 2. 関与先の倒産・廃業・再生支援に忙殺される可能性 3. 会計・税制・IT等の急速な変化に追いつけない 4. 良質な職員の不足と教育体制の不備 5. 優良な中堅関与先離脱の懸念（独自の自計化へ） 6. システムの高度化・複雑化による負担増 7. 事務所のイメージアップと広報戦略が不十分
	機会（Opportunity）	脅威（Threat）
外部環境	1. TKC全国会ブランドの浸透 2. 銀行が「TKC決算書」「継続MAS」を高く評価 3. 金融庁のリレーションシップバンキング構想 4. 国・地方で中小企業再生支援事業が活発化 5. 改正消費税法の施行（平成16年4月） 6. 連結納税の導入と電子申告の受付開始 7. 監査法人の非監査業務の禁止	1. 長引く不況（デフレ）による地域経済の衰退 2. 金融機関による貸し渋り・貸し剥がし 3. 広告規制緩和・報酬規定全廃で価格競争が加速 4. 監査法人と提携する大型税理士法人の台頭 5. 会計士法改正による会計士の大幅な増加 6. 極めて安価なPC会計ソフトの普及 7. さらなる規制緩和と記帳代行会社等の台頭

黒字決算支援・適正申告支援などの強みと思われる要素が上げられています。「機会」としては、TKC全国会ブランドの浸透、金融機関等からの評価の高まりなど。反対に「弱み」は、関与先企業の経営不振、法制度の急激な変化、職員教育等の課題が並び、「脅威」としては、地域経済の衰退や、関与先の資金繰り悪化、規制緩和による競争激化等があげられています。

　このように、四つの視点で客観的に分析することによって、戦略策定の前提となる、自社の問題整理が可能になります。

第2節　「バランス・スコアカード経営」のすすめ

バランス・スコアカード経営とは、バランス・スコアカードを活用して、会社のビジョンと経営戦略を財務と非財務の四つの視点で多角的に整理し、目標到達までのプロセスを明確にして、全社一丸となって成果を上げていく経営をいいます。

I 「バランス・スコアカード経営」とは何か

1. なぜ、いま「バランス・スコアカード経営」なのか

これまで、企業経営に関するさまざまな理論の「ブーム」がありました。バブル崩壊以前の、日本経済が好調な時期には、「日本的経営」が注目され、小集団活動やトヨタの「ジャスト・イン・タイム」等が評価されたことは記憶に新しいところです。さらに日本国内では、八十年代に「エクセレント・カンパニー」に代表される優良企業論が、九十年代には、「リストラクチャリング」や「リエンジニアリング」「コア・コンピタンス経営」等に注目が集まりました。このような経営理論は、その時々の経済の状態や、企業を巡る経営環境の変化を反映しています。「バランス・スコアカード」が日本でも注目されるようになってきたことも、決して偶然ではありません。その背景には、右肩上がりの時代が終り、より厳しくなった企業間の競争に勝つには、商品力や販売力などの個別機能だけではなく、総合的な経営戦略の立案とその確実な実行がで

なぜ、いま「バランス・スコアカード経営」なのか？

1. 右肩上がりの時代は終わり、経営戦略の失敗（不在・不徹底）が命取りの時代となってきた。
2. トップダウンによるスピード経営が求められており、経営戦略を全社員に徹底することが不可欠である。
3. 市場競争が激化してきており、機会損失を防ぐために、総動員態勢の確立が必要となってきた。
4. 経営戦略を徹底するためには、全社員が共有する思考のフレームワークが必要となる。
5. 経営戦略の策定には、首尾一貫性とモレ・ダブリのないロジカル・シンキングが不可欠である。
6. 経営戦略の現場への落とし込みのプロセスで、経営戦略の弱点に気づかせられる思考方法である。

きるか否かによるという認識が根底にあるようです。

2. 経営戦略を立てても、九〇％の会社が失敗している

経営目標やビジョンを明らかにし、経営戦略を決めても、社内に浸透せず、その実行段階で七〇～九〇％が失敗に終わっているという驚くべきデータがあります。失敗の理由は、戦略そのものが間違っていたというより、「その戦略が現場で実行されなかった」ことが理由の大半であるといわれています。

この数字は、戦略の立案とその実行との間には大きな壁があり、戦略を組織内に説明する段階での挫折、実行する段階での挫折があることを示し、正しい経営戦略を決めても、実行に結びつけることがいかに難

戦略失敗の構図

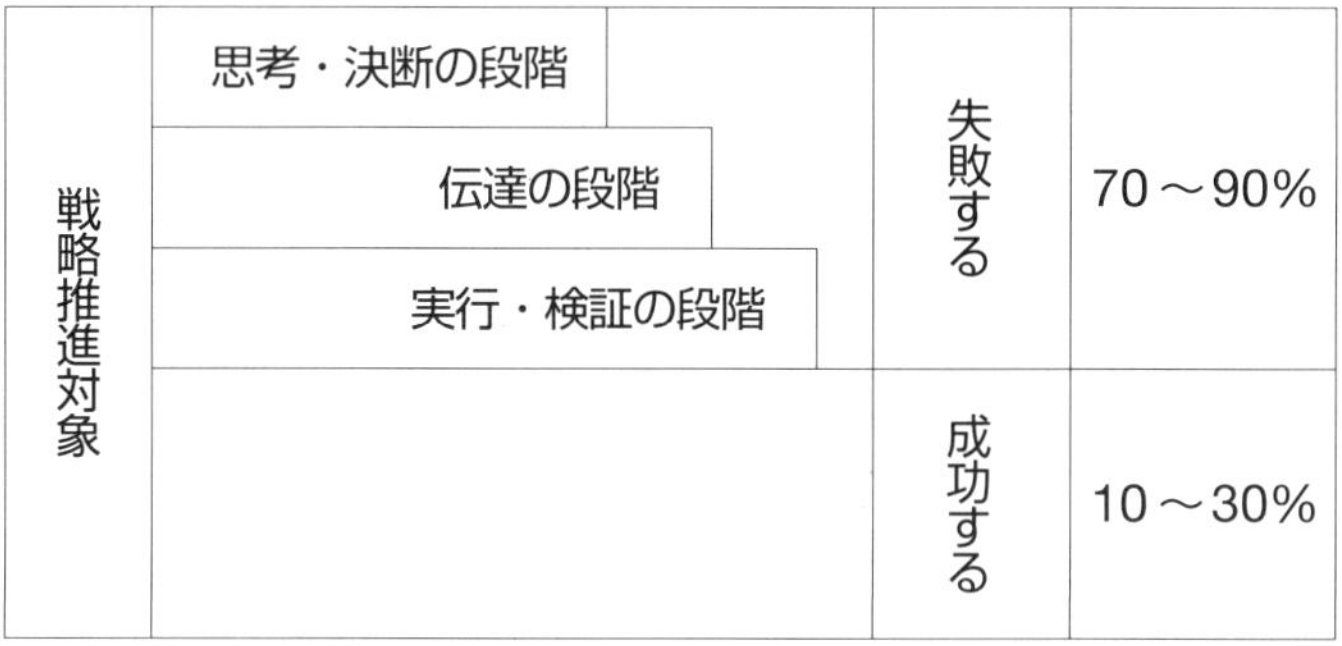

しいかをよく表しています。

　そこで生まれたのが「バランス・スコアカード経営」の考え方です。

　バランス・スコアカードは、立てた計画を社員の日常業務の中に落とし込んで確実に実行することを目指す経営理論として、注目を集めています。経営戦略を、行動に落とし込み、定期的にそのレビューを行いながら進むシステムであり、戦略を「日々確実に実行するため」の方法論です。その特徴は、「バランス・スコアカード」を作成していくなかで、各組織の目標や社員の日常的な業務への取り組み等にいたるまでの全部に戦略という一本の糸を通すという点にあります。

なぜ経営戦略は失敗するのか？

1．現場社員の95%は、会社の経営戦略を理解していない。
95% of the typical workforce do not understand their organization's strategy.

2．立派な経営戦略を立てても、90%の会社では失敗に終わっている。
90% of organizations fail to execute their strategies.

3．会社の85%において、毎月の役員会で経営戦略が検討されるのはわずか1時間にも満たない。
85% of executive teams spend less than one hour per month discussing strategy.

4．会社の70%において、経営戦略を中間管理職者のインセンティブとリンクさせていない。
70% of organizations do not link middle management incentives to strategy.

5．会社の60%において、経営戦略を年度予算とリンクさせていない。
60% of organizations do not link strategy to budgeting.

出典：Balanced Scorecard Collaborative Homepage

バランス・スコアカード経営の5原則

原則１：戦略を、現場で実行可能な言葉に翻訳する。
Principle 1:Translate the Strategy Operational Terms.
（暗黙知の表出化）

原則２：戦略に向かって、組織全体を方向付ける。
Principle 2:Align the Organization to the Strategy.
（タテの因果関係）

原則３：戦略を、すべての社員の日常業務に落とし込む。
Principle 3:Make Strategy Everyone's Everyday job.
（ヨコの因果関係）

原則４：戦略を、継続的な業績管理プロセスの中に組み込む。
Principle 4:Make Strategy a Continual Process.
（形式知の統合化）

原則５：経営トップのリーダーシップにより、変革を促す。
Principle 5:Mobilize Change through Executive Leadership.
（形式知の内面化）

出典：Balanced Scorecard Collaborative Homepage

II　業績評価・業績管理手法としてのバランス・スコアカード

1.「バックミラー経営」から「ナビゲーション経営」へ

かつての業績管理のやり方は、過去の財務データ重視の管理手法でした。しかし経済成長が鈍化もしくはマイナスとなり、常に新しい価値を創造する未来志向の経営でなければ生き残れない時代となりました。すなわち過去の財務分析中心の「バックミラーを見ながら運転する」ような手法から、将来の方向性を多角的に見据えていく「ナビゲーション経営」への転換が求められているといえます。

2.財務数値偏重から多面的な業績評価へ

企業には、有形無形の資産がありますが、従来は財務諸表上に表現されない、例えばその企業が保有するノウハウ、技術力や販売力、業務品質、社員のローヤリティ等の定性的な要素は見落とされるきらいがありました。

バランス・スコアカードは、このような問題点をカバーし、財務数値のみを偏重しない、多面的な業績評価の手法として、また経営分析手法として、一九九二年、アメリカのハーバード大学ビジネススクールのロバート・キャプラン教授とコンサルティング会社社長デビッド・P・ノートン氏により、開発されました。

その後、バランス・スコアカード理論は、企業の業績を測る多面的な評価が可能である点が評価されて、全世界に広がり、日本においても急速に注目されています。

3．バランスとは、何のバランスか

(1) 財務的な業績評価と非財務的な業績評価とのバランス

変化の激しい今日においては、財務数値のみの業績評価だけでは的確・迅速な意思決定は困難です。バランス・スコアカードは、財務的業績評価項目と非財務的業績評価項目（現場データ）を組み合わせ、過去、現在、将来のバランスをとりながら経営管理を行うことを目的としています。

(2) 結果指標と先行指標とのバランス

ある施策に対する成果は、即時にあらわれるものではなく、一定の期間が必要になります。そして行った施策は、その年度の業績のみならず、次年度以降にも影響を与えることになります。

例えば、顧客満足を高めるため品質の改善を行った場合に、品質が改善されても、それが直ちに顧客満足度の向上に結びつくわけではありません。結果（結果指標）と結果を生み出す要因（先行指標）をバランスよく策定します。

(3) 外部からの評価と内部の評価とのバランス

株主満足度、顧客満足度等の外部からの評価は重要ですが、社内における従業員のモチベーションの向上や業務プロセスの改善、社員の育成などの内部評価項目とのバランスを重視して、全体としての向上を図ります。

(4) 短期目標と中長期目標とのバランス

各事業年度の売上目標など、短期的な戦略目的で完結するのではなく、中長期的な目標を立て、バランス良く経営資源を投資することを示します。例えば、経営状態が思わしくない場合には、リストラや設備投資削減など短期的な緊縮政策に偏りがちですが、未来投資を行わなければ、企業の将来はありません。

(5) 利害関係者間のバランス

株主、顧客、従業員、関連会社、地域、環境などの利害関係者（ステークホルダー）のいずれかに偏ることなく、バランスさせることを示します。

4．バランス・スコアカードの特長

(1) やるべきことはたくさんあるのに、優先順位をつけられない

企業には、業績アップ、商品開発、顧客拡大、資金繰り、人材育成等々のたくさんの課題があります。経営戦略を立てるということは、まさにそれらの問題を整理し、優先順位をつけることといえるかもしれません。バランス・スコアカードによって、多くの課題を整理して、優先順位をつけることが可能です。

(2) 経営課題を目に見える形で整理（可視化）できる

バランス・スコアカードの手法の長所は、諸課題を目に見える形（可視化）にし、統一的な観点から相互の関連性（因果関係）を持たせながら論点整理することが可能な点だと思われます。

一般的に、企業が経営戦略の実現に向けていざ、行動しようとすると、なすべき課題が多過ぎて、何を優先課題とするかを整理しきれないことがありがちです。さまざまな要素がからみあった「複雑系」そのもの

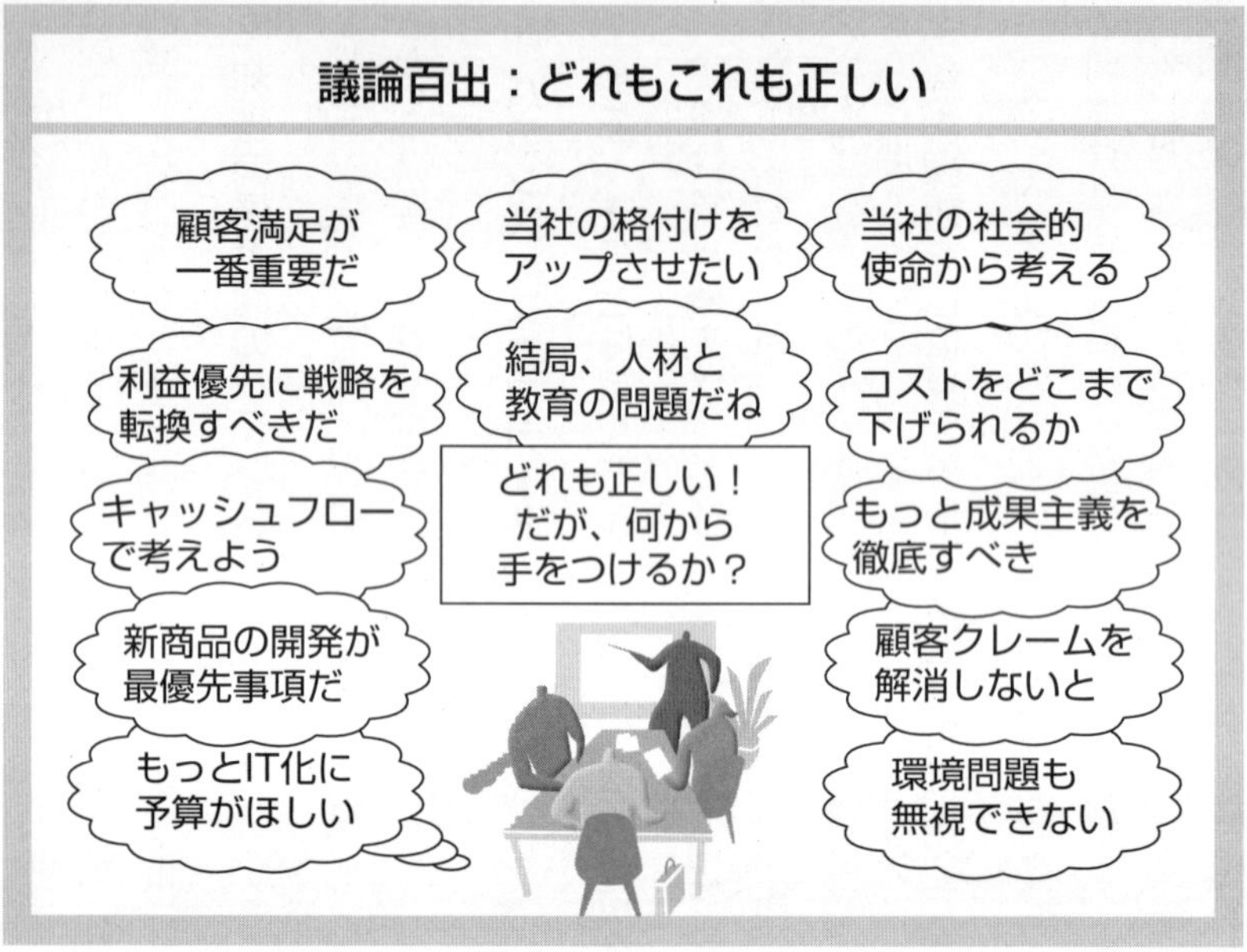
議論百出：どれもこれも正しい
顧客満足が一番重要だ
当社の格付けをアップさせたい
当社の社会的使命から考える
利益優先に戦略を転換すべきだ
結局、人材と教育の問題だね
コストをどこまで下げられるか
どれも正しい！だが、何から手をつけるか？
キャッシュフローで考えよう
もっと成果主義を徹底すべき
新商品の開発が最優先事項だ
顧客クレームを解消しないと
もっとIT化に予算がほしい
環境問題も無視できない

である企業経営をどのように展開するのか、特に中小企業の場合は、社長一人で悩むケースが多いと思われます。

「バランス・スコアカード」を使って課題を整理して並べ、四つの視点に分けて、因果関係でつないでいくうちに、経営戦略が一つにまとまり始まるわけです。

また、今までのようなごった煮のPDCAのサイクルを回すのではなくて、それぞれのアクションを、財務・顧客・業務プロセス・人材と変革の四視点で整理して、それぞれツボとなる戦略目標をPDCAで回していこうという考え方です。これを実際に作成していくと、トップダウン経営の企業の場合は、いろいろな戦略上の盲点・弱点があることが分かります。また、ビジョンや戦略が目に見えるので、情報の共有化がスムーズに進み、全員の役割と目標が明確になるという長所があります。反対にボトムアップ経営の場合には、各部門を越えた全体最適な視点が得られ、関係者全員

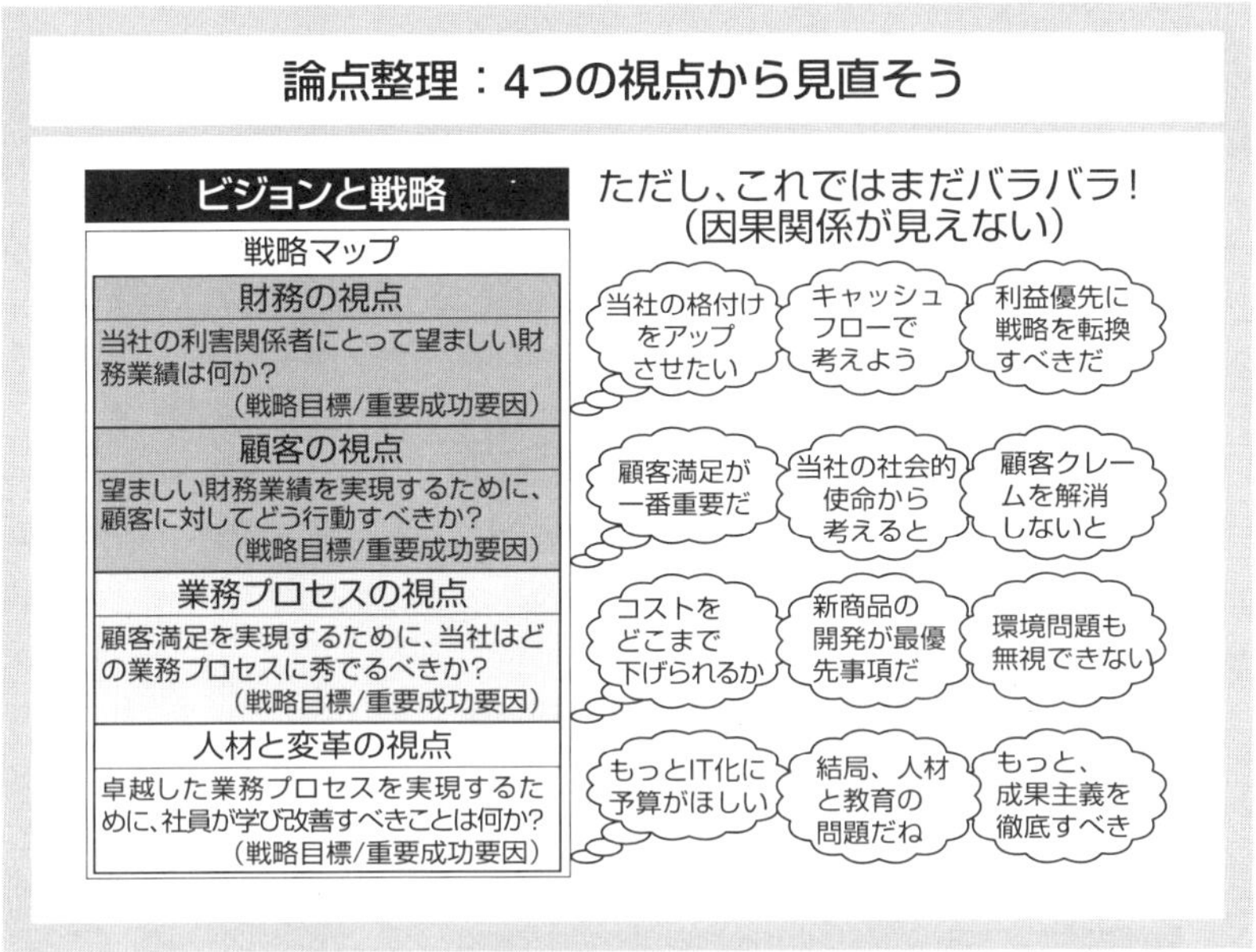
論点整理：4つの視点から見直そう
ビジョンと戦略
戦略マップ
財務の視点
当社の利害関係者にとって望ましい財務業績は何か?
（戦略目標/重要成功要因）
顧客の視点
望ましい財務業績を実現するために、顧客に対してどう行動すべきか?
（戦略目標/重要成功要因）
業務プロセスの視点
顧客満足を実現するために、当社はどの業務プロセスに秀でるべきか?
（戦略目標/重要成功要因）
人材と変革の視点
卓越した業務プロセスを実現するために、社員が学び改善すべきことは何か?
（戦略目標/重要成功要因）
ただし、これではまだバラバラ!
（因果関係が見えない）
当社の格付けをアップさせたい
キャッシュフローで考えよう
利益優先に戦略を転換すべきだ
顧客満足が一番重要だ
当社の社会的使命から考えると
顧客クレームを解消しないと
コストをどこまで下げられるか
新商品の開発が最優先事項だ
環境問題も無視できない
もっとIT化に予算がほしい
結局、人材と教育の問題だね
もっと、成果主義を徹底すべき

に理解されやすいという効果が期待できます。

III　バランス・スコアカードを作成する

1．作成の手順

第一ステップは、「ビジョンと戦略の策定」です。ビジョンは、自社の目指そうとする理想の姿を、できるだけ数値で表現し、具体的方策を決めます。第二ステップは「視点の洗い出し」で、ビジョンの実現に必要なポイントを検討します。多くの企業は、前述の四つの視点でよいと思われますが、製造業などの場合、「環境の視点」等を加える企業もあるようです。第三ステップでは「戦略目標の設定」です。ビジョンと戦略の実現に向けて、四つの視点ごとに目標を設定します。そして「戦略マップ」を作成します。第四ステップは、「重要成功要因（CSF）の設定」で、戦略目標達成のために主要な業績向上の要因を設定します。第五ステップは「重要業績指標（ＫＰＩ）の設定」として「重要成功要因」に対してとった行動の成果を測定・評価する指標を設定します。第六ステップは「数値目標の設定」で、前段の重要業績指標の行動の数値目標（ターゲット）を設定します。第七ステップは「行動計画（アクションプラン）の作成」で、前段の数値目標を達成するための計画を具体的に策定します。以上の流れを示したものが左に示した図です。

作成の手順

ビジョンと戦略の策定
企業の具体的目標と、それを実現する具体的方策

↓

視点の洗い出し
戦略を実現するポイントの抽出。「財務の視点」「顧客の視点」「業務プロセスの視点」「人材と変革の視点」他

↓

戦略目標の設定
戦略マップでビジョンと戦略を実現するための各視点における目標を設定する

↓

重要成功要因（CSF）の洗い出し
戦略目標を達成するための主要な業績向上の要因の設定

↓

重要業績指標（KPI）の設定
重要成功要因に対しとったアクションの成果を測定・評価する指標の設定

↓

ターゲット（数値目標）の設定
重要業績指標で測定するアクションの具体的数値目標の設定

↓

アクションプランの作成
数値目標を実現するシナリオないしアクションプランの作成

「戦略経営者」（2003年5月号）

2.「戦略マップ」を作成する

戦略マップとは、事業の戦略目的とその目標を達成するためのさまざまな施策や活動の関係を図示したものです。まず会社の目標（ビジョン）として、三年後、五年後の目標を掲げ、これを達成するために、四つの視点として、「財務の視点」「顧客の視点」「業務プロセスの視点」「人材と変革の視点」に絞り込み、戦略目標を記入していきます。下から上に向かって時間軸に沿った因果関係が確認できます。

企業の業績のよし悪しは、最終的には売上げ、利益といった財務的な指標によって評価されます。財務の業績を確保し向上させることは、株主のみならず、従業員や取引先にも好影響を与えます。

顧客の視点においては顧客満足度を高めるために何をすべきかの検討をしますが、これを実現するには、業務プロセスの改善が不可欠のものとなります。また、業務プロセスを変革するには、人材と変革の視点において社員のスキルアップを高める必要があります。そうした多元的な結果とプロセスの関係、すなわち因果関係に注目しながら戦略目標を設定していくことが要求されます。

例えば、最も分かりやすい因果関係は、

・従業員のスキルが向上（人材と変革の視点）すれば、
⬅・製作のサイクルタイムが改善され、ロス率等も減少して（業務プロセスの視点）、
⬅・製品の品質や納期などに対する顧客満足度が上昇し（顧客の視点）、
⬅・お客様からの支持が増え、売上げが増加し、利益に結びつく（財務の視点）

といった道筋です。

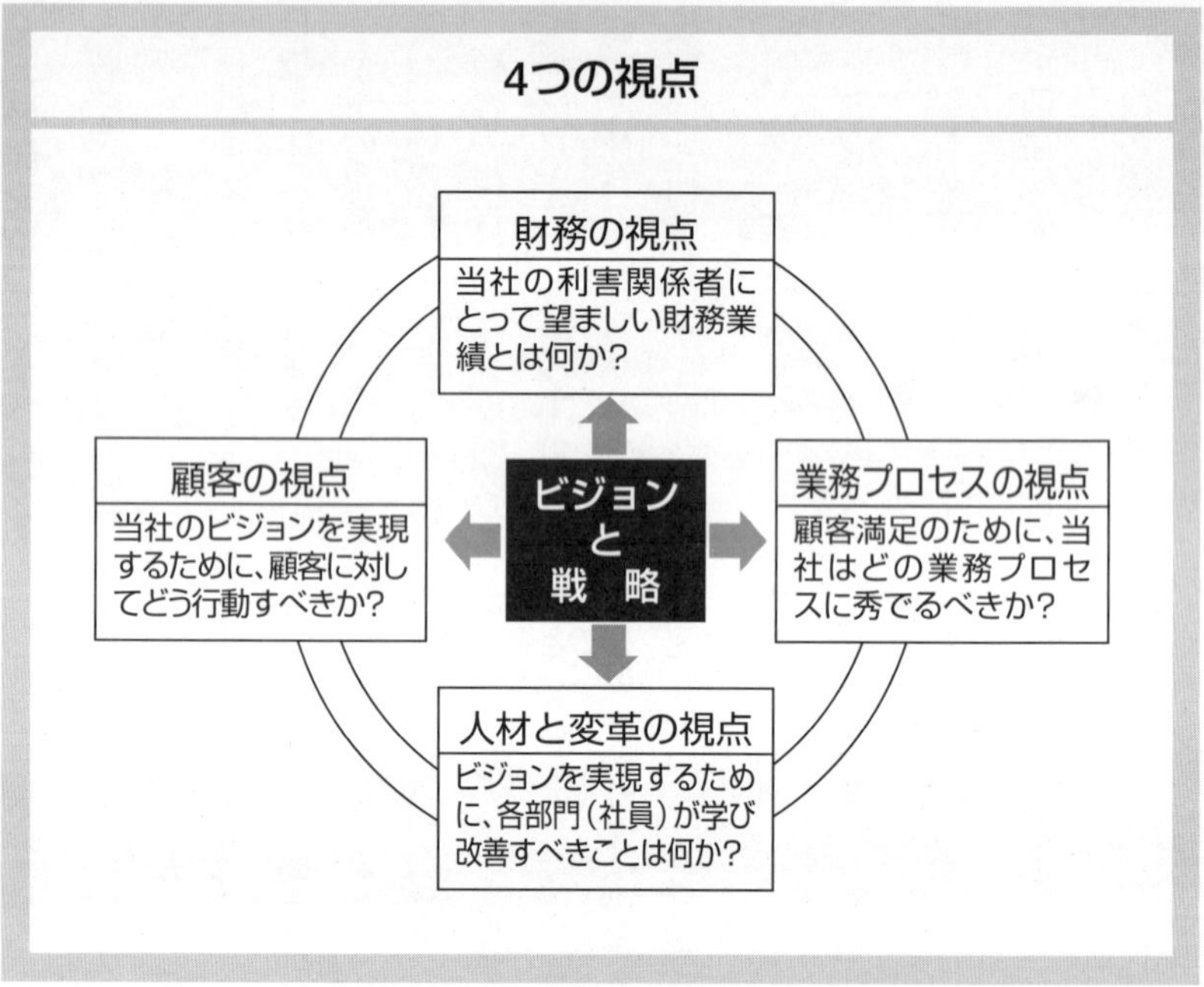
4つの視点
財務の視点
当社の利害関係者にとって望ましい財務業績とは何か？
顧客の視点
当社のビジョンを実現するために、顧客に対してどう行動すべきか？
ビジョンと戦略
業務プロセスの視点
顧客満足のために、当社はどの業務プロセスに秀でるべきか？
人材と変革の視点
ビジョンを実現するために、各部門（社員）が学び改善すべきことは何か？

3．4つの視点とは

財務の視点

財務の視点は、経営活動を財務的な視点から概観します。株主が企業に対しどのような成果を期待しているかを検討し、具体的な財務数値目標を設定します。指標としては、投下資本利益率、経済的付加価値などですが、株主の期待に応えるだけでなく、同時に従業員満足度を高めることも重要です。したがって、利益に代表される財務的成果をあげることは企業にとっては最高位の目標となります。

顧客の視点

業種を問わず、顧客満足なくして利益をあげることはできません。

わが社のビジョン実現のため、顧客に対しどのような行動をとるかを検討しますが、その場合、顧客が何を望んでいるかを正しく把握することが重要です。わが社の提供する商品・サービスに対して、顧客から支持を受け、喜んでお金を払っていただけるような評価を得るため、どのように行動し、またどこまで応えていくべきかを検討します。既存の顧客だけでは大きな成長は望めませんので、潜在顧客層も対象に含めて考えていく必要があります。

業務プロセスの視点

顧客や株主を満足させるには、企業内の業務プロセスのどこをどのように改善すればよいかを考える必要があります。この場合の改善とは、日常的な意味の改善ではなく、戦略を実現するための改善であり、現状にとらわれない大胆な発想が求められます。財務の視点や顧客の視点において設定された目標が高ければ高いほど、業務プロセスの改善には、大胆なブレークスルーが必要となります。

・顧客満足を高めるための業務プロセスの改善
・市場競争力の高い新製品開発体制の整備
・リアルタイムな業績管理の仕組み作り

人材と変革の視点

組織は人により構成され、人によって動くものです。業務プロセス改善の原動力となる成長能力を確保するためには、企業風土の改善を行い、どこに組織学習の焦点をあてていくべきかを決定することが不可欠です。

個人のみでなく、チームの団結力やコミュニケーション能力を高めることも、組織の成長維持にとって重

戦略マップ作成のポイント

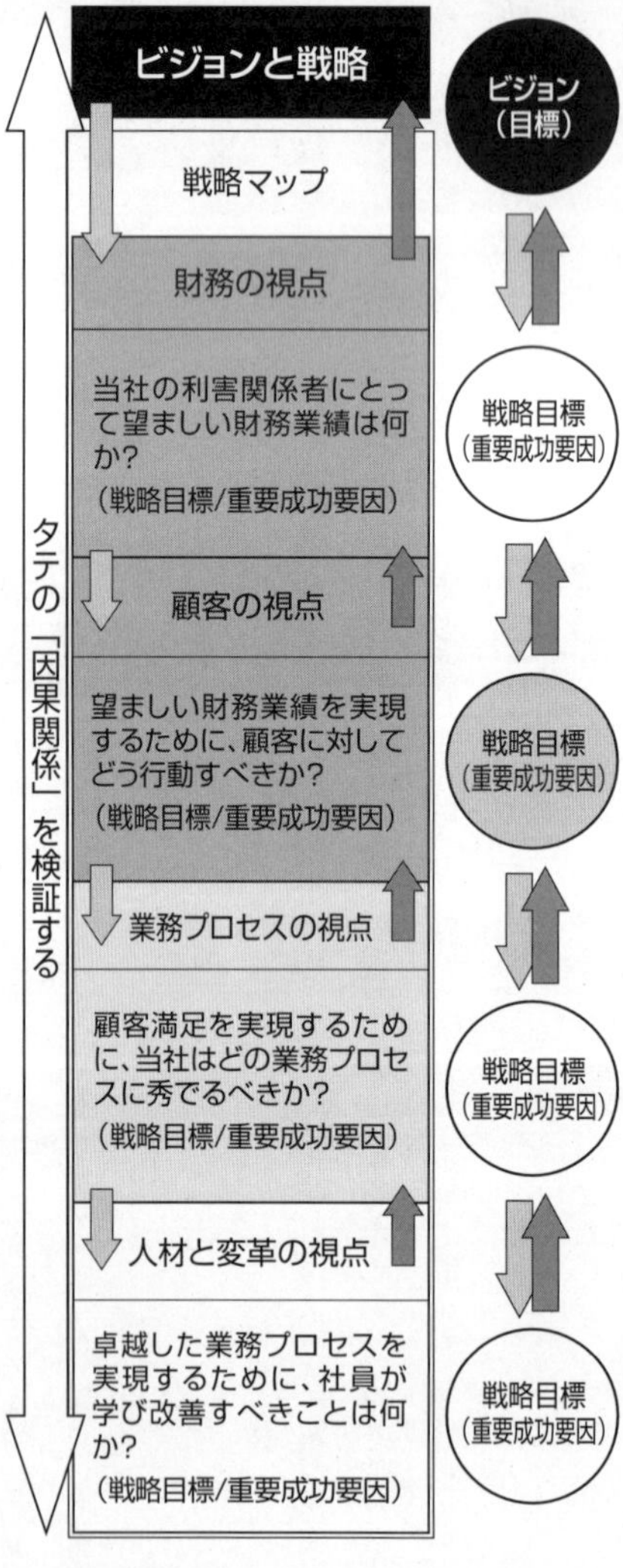
ビジョンと戦略
戦略マップ
財務の視点
当社の利害関係者にとって望ましい財務業績は何か?
(戦略目標/重要成功要因)
顧客の視点
望ましい財務業績を実現するために、顧客に対してどう行動すべきか?
(戦略目標/重要成功要因)
業務プロセスの視点
顧客満足を実現するために、当社はどの業務プロセスに秀でるべきか?
(戦略目標/重要成功要因)
人材と変革の視点
卓越した業務プロセスを実現するために、社員が学び改善すべきことは何か?
(戦略目標/重要成功要因)
タテの「因果関係」を検証する
ビジョン
(目標)
戦略目標
(重要成功要因)
戦略目標
(重要成功要因)
戦略目標
(重要成功要因)
戦略目標
(重要成功要因)

戦略マップ作成のポイント

1．4つの視点から論点を整理する。

(財務・顧客・業務プロセス・人材と変革)

2．4つの視点ごとに戦略目標を設定する。

3．上下の戦略目標を結ぶ「タテの因果関係」を明らかにする。

①「ビジョンと戦略」の達成につながらない戦略目標は排除する。

②上位の戦略目標を成立させるための必要条件が下位の戦略目標となる。

③下位の戦略目標は上位の戦略目標を実現するための打ち手となる。

4．戦略目標は達成可能かつ管理可能なものでなければならない。

5．重要業績指標（KPI）を数値で決められない戦略目標は排除する。

6．戦略目標は単純かつ明快に表現する。

要なことです。さらに短期的には実現が困難なインフラ整備、技術力の向上なども人材と変革の視点で検討されます。したがってここで検討される施策は、人材教育だけに限られるものではありません。

・人材育成プログラム
・人材採用と教育体制の構築
・スキルアップのためのＯＪＴ

の実践などが有効な検討施策となります。

「戦略マップ」と「バランス・スコアカード」の位置付け

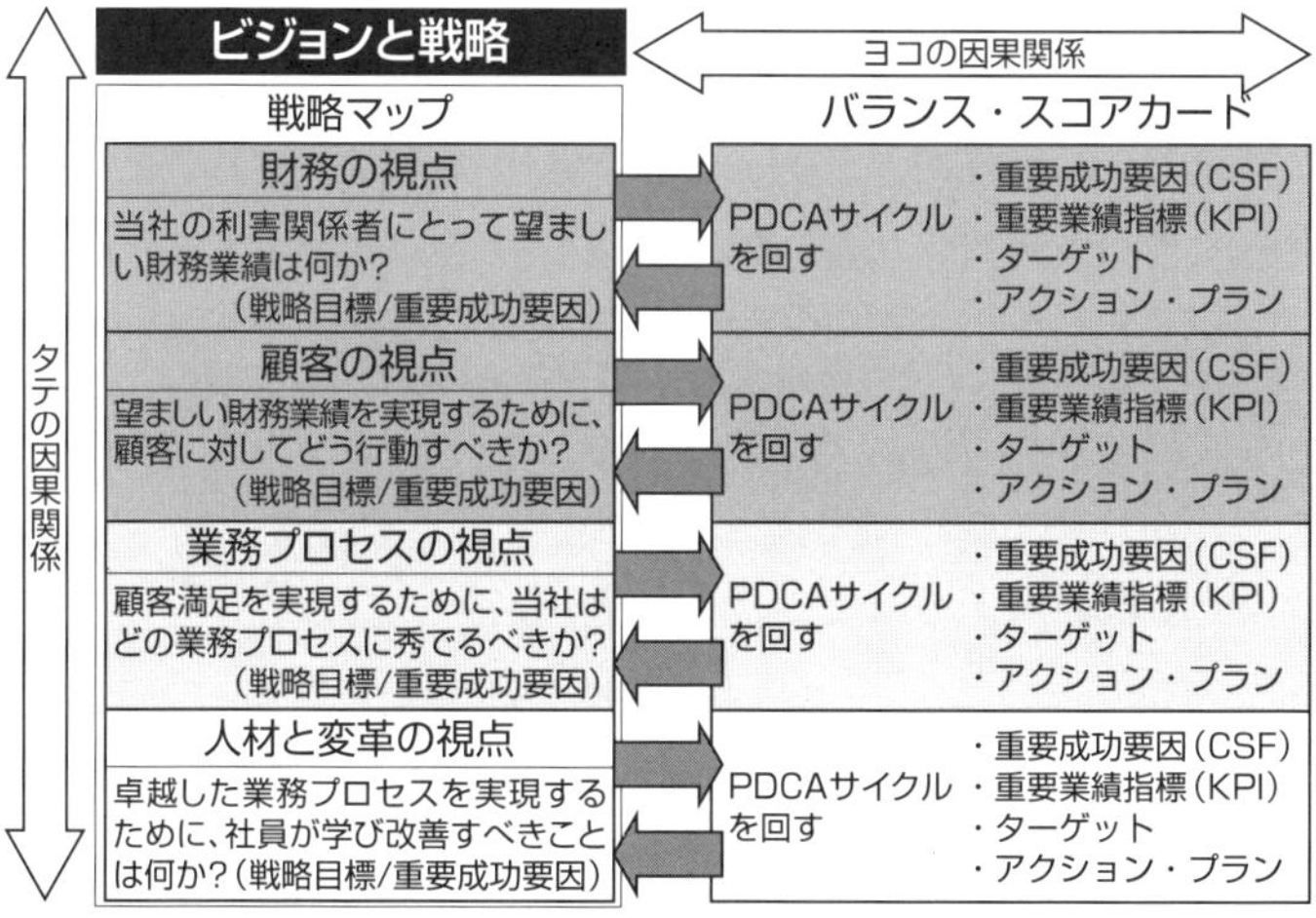
ビジョンと戦略
ヨコの因果関係
タテの因果関係
戦略マップ
バランス・スコアカード
財務の視点
当社の利害関係者にとって望ましい財務業績は何か?
(戦略目標/重要成功要因)
顧客の視点
望ましい財務業績を実現するために、顧客に対してどう行動すべきか?
(戦略目標/重要成功要因)
業務プロセスの視点
顧客満足を実現するために、当社はどの業務プロセスに秀でるべきか?
(戦略目標/重要成功要因)
人材と変革の視点
卓越した業務プロセスを実現するために、社員が学び改善すべきことは何か?(戦略目標/重要成功要因)
PDCAサイクルを回す
・重要成功要因(CSF)
・重要業績指標(KPI)
・ターゲット
・アクション・プラン

4.「バランス・スコアカード」を作成する

次に「バランス・スコアカード」を使って四つの視点から策定された戦略目標のそれぞれに、キーとなる「重要成功要因」（CSF）とこれに基づく「重要業績指標」（KPI）、ターゲット、アクションプランを設定します。戦略目標ごとにPDCAのサイクルを実行していくということです。「戦略マップ」が四つの視点から設定された戦略目標をつなぐ「縦の因果関係」を示すとすれば、「バランス・スコアカード」は一つひとつの戦略目標を達成するための要素をつなぐ「横の因果関係」を示すといえます。

(1) 重要成功要因（CSF）を発見する

バランス・スコアカードの各視点の戦略目標を達成するためには、さまざまな業績向上の要因（パフォーマンス・ドライバー）が考えられますが、そのうち最も重要と思われるものを、重要成功要因（CSF）と呼びます。各視点のCSFには次のような例があります。

① 財務の視点

重要成功要因は「売上げの拡大」「利益確保」などの財務に関連したキーワードで表現されます。

② 顧客の視点

重要成功要因は「魅力ある商品開発」「納期の厳守」などの顧客に関するキーワードで表現されます。

③ 業務プロセスの視点

重要成功要因は、「作業効率の向上」「不良品発生率を抑える」などの業務プロセスの改善に関するキーワードで表現されます。

④人材と変革の視点

重要成功要因は「権限の委譲」「能力アップ」などの人材、教育等に関するキーワードで表現されます。

(2) 重要業績指標（KPI）を設定する

設定した重要成功要因に対応して、行動の成果とプロセスを継続的に測定評価するための指標を重要業績指標といいます。すべての戦略目標に対して設定されます。次のような例が考えられます。

①財務の視点

戦略目標が「経常利益一〇％増の確保」であれば、ＫＰＩは「売上成長率」「一人当たり売上高」「キャッシュフローの額」「株主資本利益」などの財務的指標で評価されます。

②顧客の視点

戦略目標が「クレーム処理の迅速化」ということであれば、ＫＰＩは「クレーム発生率」「クレーム発生件数」などの指標で評価されます。

③業務プロセスの視点

戦略目標が「生産性の向上」であれば、ＫＰＩは「付加価値増加率」などの指標で評価されます。

④人材と変革の視点

戦略目標が「人材の育成」であれば、「研修会参加回数」などの指標で評価されます。

(3) ターゲット（数値目標）をどのように決めるか

重要業績評価指標で測定するアクションないし行動の具体的目標をターゲットといいます。ターゲットには、具体的な数値を入れていきます（例えば売上成長率○○%以上、経常利益率○○%等）。同時にその数値の根拠を示す必要があります。一定の根拠に基づいて目標値を設定する方法としては、ベンチマーク法とマイルストーン法があります。

① ベンチマーク法

同業の業績優秀企業などの数値を目標として採用する方法

② マイルストーン法

わが社の将来展望（五〜十年後）を設定し、これを各年度ごとに配分して業績評価目標として展開する方法

IV バランス・スコアカード導入の流れ

バランス・スコアカードの構築には、経営トップが深く関与していく必要があります。全社的な改革、全社的な戦略がうまくいかない理由の大半は、経営者による関与が不十分であるとのデータがあります。

作成単位の決定、プロジェクト編成

バランス・スコアカードは、部、課、支店などの戦略的ビジネスユニット（ＳＢＵ）単位で作成されますが、各ＳＢＵでは、組織全体のビジョン、基本戦略をベースに戦略目標を設定します。

バランス・スコアカード導入の流れ

作成単位の決定、プロジェクト編成

↓

組織全体のビジョンと戦略の確認

↓

SBUの戦略目標の設定

↓

成果指標・ターゲットの設定

↓

戦略マップの作成

↓

実施項目の識別

↓

パフォーマンス・ドライバーの設定

↓

他のSBUとの調整

組織全体の戦略、ビジョンと照らし合わせて整合性のある目標を設定することはもちろん、ユニット固有の使命を意識したものにする必要があります。戦略目標は、ＳＢＵの構成員が容易に理解できるように、そしてその重要性を一人ひとりに浸透させるためにも、できるだけ簡潔明瞭に表現することが必要です。

【参考文献】

「バランス・スコアカード構築」（吉川武男　生産性出版）
「バランス・スコアカード経営なるほどQ&A」（バランス・スコアカードフォーラム編　中央経済社）
「バランス・スコアカードの使い方がよくわかる本」（松山真之介　中経出版）
「バランス・スコアカード実践ガイド」（伊藤嘉博　日科技連）

第4章

中小企業の「戦略マップ」活用事例

1　A社（水産加工業）
2　H社（建設業）
3　B社（冠婚葬祭業）
4　S社（会計事務所）
5　N社（運送業）
6　I社（牛乳宅配業）
7　R社（小売業）

ＢＳＣ（バランス・スコアカード）の手法の基本を第3章で解説しましたが、これを実際に活用しようと考える中小企業のために、自社の経営戦略を「戦略マップ」に整理し、「バランス・スコアカード」に展開した具体的な七つの企業の事例を紹介します。業種は、水産加工業・建設業・冠婚葬祭業・会計事務所・運送業・牛乳宅配業・小売業とまちまちで、その所在地も全国各地に広がっています。

強いて各企業の共通点をあげれば、その経営者がいずれも前向きな経営観を持っておられることです。自社の戦略を「バランス・スコアカード」に整理することにも、極めて熱心に取り組み、その要点を素早く理解して、日々の経営に生かしておられます。各々の「戦略マップ」や「バランス・スコアカード」は書き方も内容も異なり、必ずしも模範的なものとはいえませんが、どれも実際の企業が使用している手作りの事例であり、その息吹を感じ取って、読者の皆様が、実際に取り組む際の参考としていただければ幸いです。

1．A社（水産加工業）

概況

日本の漁獲高は平成三年約一〇〇〇万トン、平成五年約八〇〇万トン、平成七年役七九〇万トン、平成九年約八〇〇万トン、平成十二年約六〇〇万トンと減少傾向にあります。これは主として多獲性魚（アジ、さば、いわしなど）の減少によるものであり、加工面においてもより付加価値の高い製品への転換が求められています。「成田漁港」といわれるように外国からの輸入も増えてきていますが、日本の漁業が一定のサイクルで豊漁不漁を繰り返していることは歴史が証明しており、今後の資源回復は十分期待できると思われます。近年「包丁のない家庭が増えた」「魚の目が怖い」「骨があって食べられない」などの理由により魚を姿のままで買う家庭が少なくなってきました。魚は栄養バランスも良く、健康にも良く、特に青物（アジ、さば、いわしなど）を食べると頭が良くなるといわれています。水産資源は昔から、保存のため、また味を良くするために加工されてきました。練り製品、塩干品、素干品、塩蔵品、塩辛などはその代表的なものです。

A社は、売上げは約三億円、経営者は三代目で、社員数は一三人です。先代社長は温厚な性格でしたが、こと自社の製品になると頑固一徹。味、原料など一切妥協せず自分流を通してきました。地場に水揚げされる魚を中心に加工を行い、品質の高さと味の良さで、これでなくては、というファンもたくさんいます。それだけに製品に対しての愛着も強く、採算性が悪くなっても製品のスクラップができず、結果としてコスト高となっていたことは否めません。

先代社長は数年間の病気入院の後亡くなられました。当時から専務であった現社長（先代社長の長男）は、より広範な消費者から支持され、かつ収益性の高い新製品の企画・開発（総菜製品）に取り組んでいましたが、試行錯誤の結果、ついに新製品の開発に成功しました。そして社長就任後、大胆な製品の見直しを行ったのです。

①売上げは多いものの原価が高く、収益性が低い製品
②原料価格が不安定で計算できにくい製品
③特定の顧客だけにしか売れず、数量が少ない製品

などについてはスクラップを行い、新製品に力を集中しました。

現在その製品は広くスーパー等にも販売されており、栄養面を評価されて学校給食にも採用されるなど、当社のメイン商品に育ちました。

現社長は若く（40代後半）研究熱心であり、社長が自分自身に課したテーマが「一日一製品開発」。積極的に他業種と地元特産品を使用した共同開発にも取り組んでいます。先代社長の頑固さ（良い原材料しか使わない）は引き継いでおり、良い製品作りに関しては一切妥協の余地はありません。

因果関係（物語）

①原材料に対しての徹底的なこだわりをもち、安心、魅力ある製品を作る。
②安心でき、魅力ある製品を作れば、お客様からも評価され喜ばれる。
③お客様の支持があれば、原価低減と売上拡大を図り、会社の適正利益を計上することが可能となり、自己資本の充実が図れる。
④それによって社員の意識も向上し、地域社会への貢献と、従業員の生活向上にも直接反映される。

ビジョン	食を通じて社会に貢献	戦略	魅力ある商品の開発
作成者		期間	平成15年7月1日～平成16年6月30日

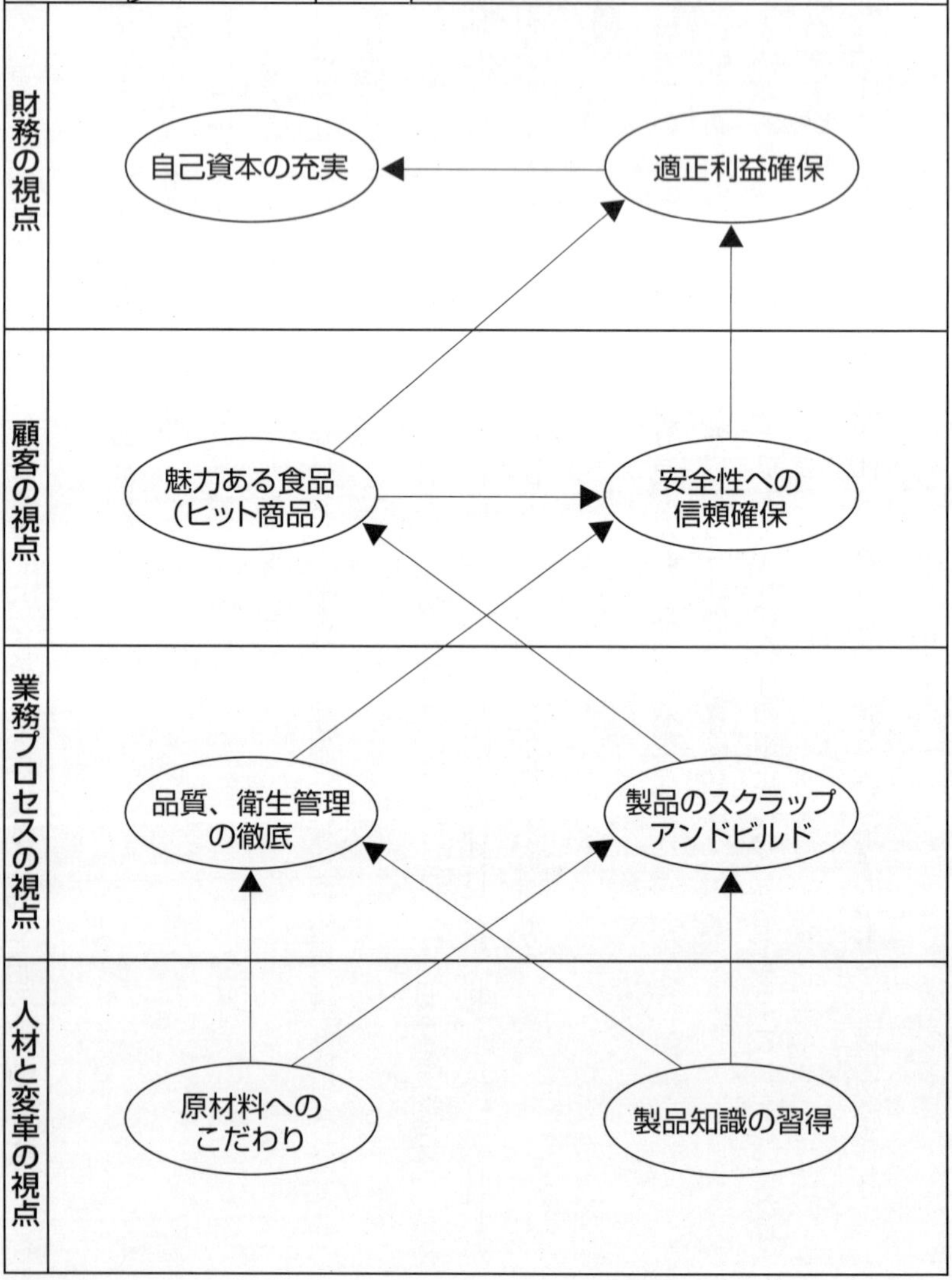

A社（水産加工業）戦略マップ

ビジョン	食を通じて社会に貢献	戦略	魅力ある商品の開発
作成者		期間	平成15年7月1日～平成16年6月30日

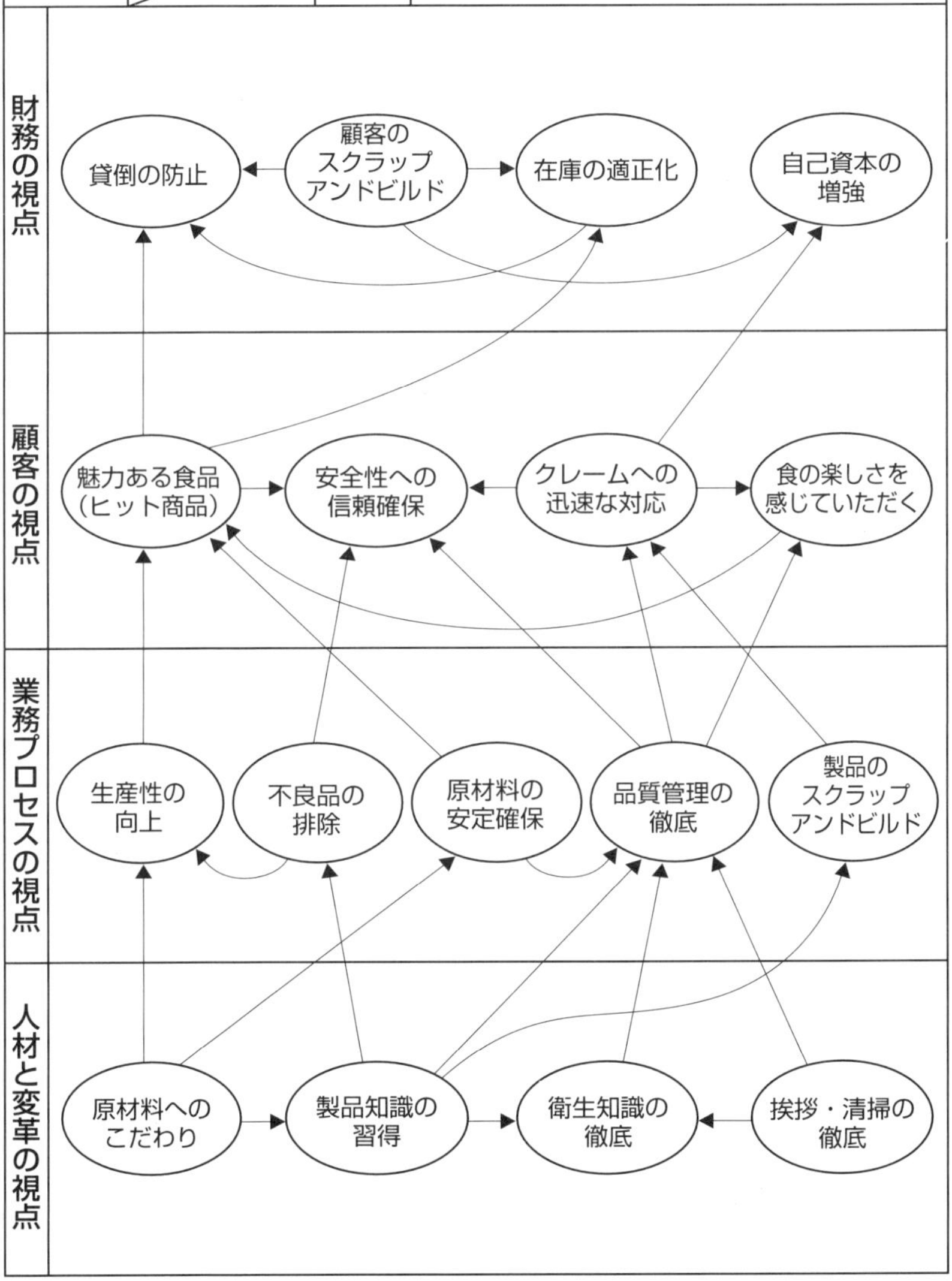

目標	活動計画（アクション・プラン）
3%	材料費等原価管理
110%	収益体質の経常化
年間新規5社	営業活動の活発化
30日	不良在庫の整理
99%	回収率向上
30日	回収期間の短縮
年間5件	魅力ある製品を開発し、提案
0件	安心できる原材料の使用
0件	クレームを社長に即時報告
5件	パンフレット等作成
10%	常に工程等の見直しを行う
0%	各作業工程でチェック
50%	適正な時期に適正な価格による仕入
0件	出荷時のチェック徹底
随時	製品ごとの収益チェック
1日1品	継続的な開発努力
毎月1回	産地、鮮度、品質等チェック
毎月1回	毎月開催
毎月1回	毎月開催
その都度	まず自分から挨拶
その都度	まず自分から挨拶
毎日	自分が清掃

主な業務内容	
・水産加工 ・惣菜加工	
経営理念	
・「食の楽しさ」をテーマに、より良い製品作りの追求 ・地域社会に貢献し愛される企業になる ・社員の成長と幸せを願う	
業績の動向	
売上げ・利益とも増加傾向にある	
売上高	約3億円（直近）
社員数	23名
経営者	男性 年齢 47歳
創業	昭和45年

A社（水産加工業）バランス・スコアカード

ビジョン：食を通じて社会に貢献　　戦略：魅力ある商品の開発

期間：平成15年7月1日から平成16年6月30日まで

	戦略目標	重要成功要因（CSF）	重要業績指標（KPI）
財務の視点	自己資本の増強	利益確保	売上高経常利益率
		借入金の利益償還	経常収支比率
	顧客のスクラップアンドビルド	不良顧客の整理と新規開拓	新規開拓件数
	在庫の適正化	在庫管理	棚卸資産回転期間
	貸倒の防止	調査と与信管理	回収率
			売上債権回転期間
顧客の視点	魅力ある食品	ファン作り	スーパー等への提案件数
	安全性への信頼確保	無添加・自然のままの原料確保	クレーム件数
	クレームへの迅速な対応	相手方の身になってのクレーム処理	クレーム件数
	食の楽しさを感じていただく	食べ方等の提案	提案件数
業務プロセスの視点	生産性の向上	作業効率の向上	1人当たり付加価値
	不良品の排除	不良品発生率を抑える	不良品発生率
	原材料の安定確保	適正価格で調達	限界利益率
	品質管理の徹底	不良品の排除と賞味期限の厳守	不良品発生率・クレーム件数
	商品のスクラップアンドビルド	不採算製品の整理	売上高対変動比率（個別製品ごと
		新製品開発	新製品開発数
人材と変革の視点	原材料へのこだわり、知識	原材料に対する知識向上	研究会の開催件数
	製品知識の習得	製品の特長・栄養成分などの知識	社員教育・勉強会開催
	衛生意識の徹底	工場内の衛生管理徹底	社員教育・勉強会開催
	挨拶・清掃の徹底	企業風土の改善	社内…出退勤時の徹底
			お客様…全員で挨拶
			始業時・終業時の清掃回

2. H社（建設業）

概況

H社は、開業八年目ですが、顧客と社員の心をしっかりとつなぎとめる経営を実行しています。ロープライス注文住宅とアパートの建築が主な業務です。徹底した社員教育はもちろん、外注・下請職人等にも勉強会を実施し、工期短縮・原価削減を徹底しています。不動産業を中心とした異業種交流会を実施し、住まいのトータルサポートを組織作りし、リフォーム・便利屋紹介までのネットワークを作り、顧客から多くの要望を受け入れています。

また、アパートオーナーに、空アパートを満室にする広告やその手法を提供し、オーナー研究会も設立することで、二棟目、三棟目のオーナーも増やし、オーナーへ喜び・幸せを提供しています。

会社の内部管理資料として、新築現場進行管理表、プラン報告書（住宅、アパート等事業用）、お客様用の新築工事工程表などを多数開示し、積極的に利用しています。

そんなH社の社長の一文がある経営雑誌に載せられました。

「八年前にあえて厳しい建設業界に飛び込み、ＩＴを活用した効率経営を心掛けてきた。今後、十〜十五年先には、もの作りに長けた人材が極めて少なくなることは明らかである。そのため当社では意識的にベテランと若手を現場で組ませて、『育成』のスタンスを堅持している。とはいえ、若者のもの作りに対する心意気がようやく芽生えてきた頃には、すでに社内ではベテラン社員になっている。人材育成の難しさを痛感している」

徹底的な、モノ作りの品質向上とサービスの向上を目指し、そして若者のレベルを意図的にアップしようという理念のもと努力しています。さらなる増収増益の実現を予感させる会社といえます。

H社（建設業）戦略マップ

ビジョン	お客様と下請け業者を幸せにする	戦略	いつもお客様の顔を思い出せる仕事
作 成 者		期間	平成15年4月1日～平成16年3月31日

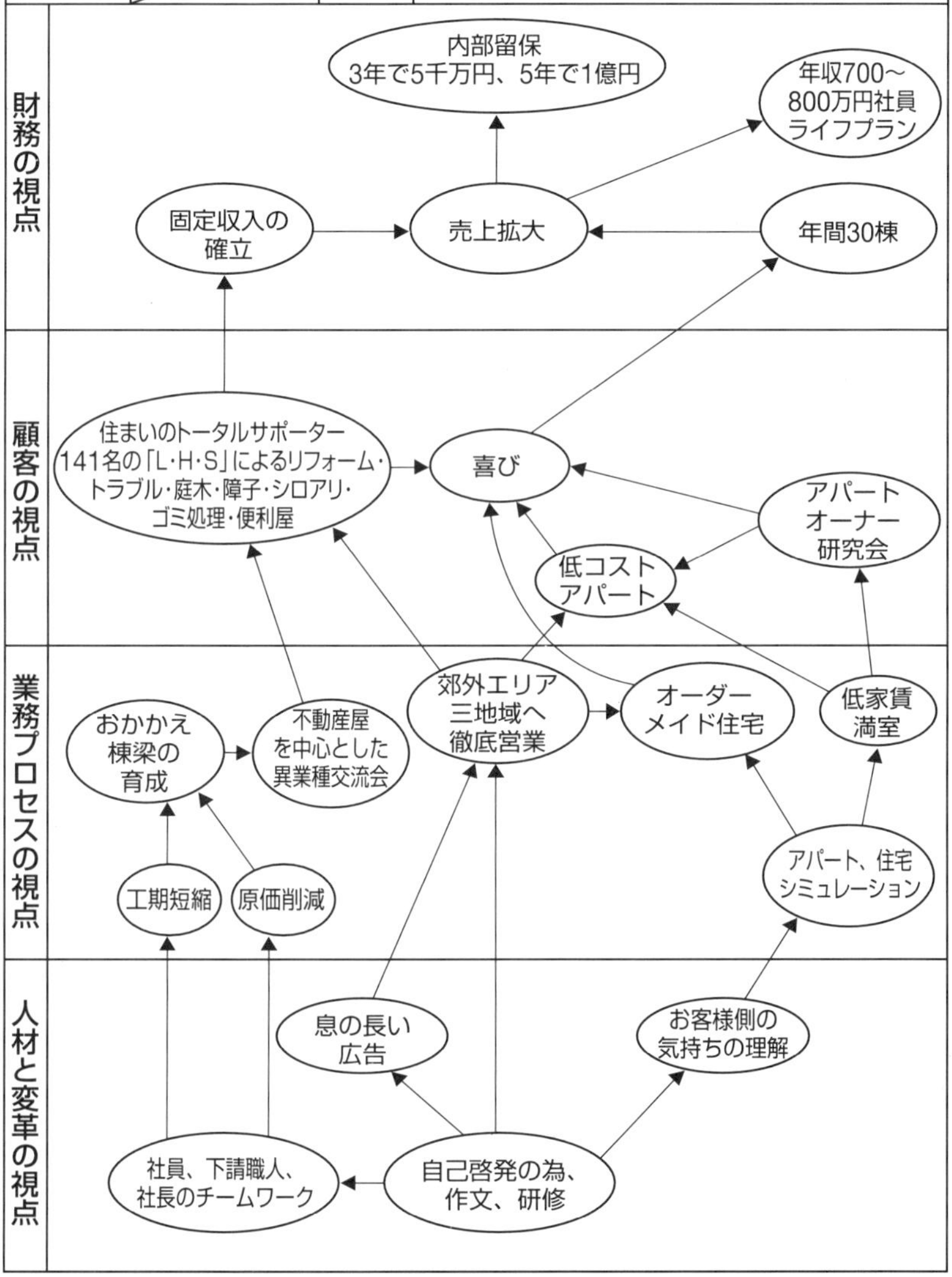

る仕事

目標	活動計画（アクション・プラン）
200部屋	地主へのアプローチ増加
100%	締日前請求
3%～5%	数社見積り
経常利益率20%	3年で5千万の内部留保
100%	古いアパートを満室紹介
驚き	驚かせる
驚き	驚かせる
1日1軒獲得	オペレーションセンター
月2500万	受注ポイント指数
月50万ダウン	売値UPと原価削減のダブル計画
月2回実施	契約の成立
半年1棟	口コミのみ
月1回必ず	月初会議後実施
2か月に1回	表彰制度 ハウスメーカーのチェック
年4回	理念作り
週1軒	展示会、口コミ

主な業務内容
・アパート、住宅建設
経営理念
・1日1cm進歩すれば、1年で365cm進歩する。進歩こそが必ず社会貢献に繋がり、人々を幸せにするのです。 （方針） サービスの向上 職場の向上 生産性の向上
業績の動向
増収増益実行中 新社長により明らかなビジョンと理念ができ上がり、社員一同、一丸となって会社を盛り立てている。 16年1月よりモデルルーム付の新社屋を借りることができ、住宅メーカーとして少しずつ大きくなっている。
売上高　約3億円
社員数　9名
経営者　男性 年齢 30歳
創業　平成7年

H社（建設業）バランス・スコアカード

ビジョン：お客様と下請業者を幸せにする　　戦略：いつもお客様の顔を思い

期間：平成15年4月1日から平成16年3月31日まで

	戦略目標	重要成功要因（CSF）	重要業績指標（KPI）
財務の視点	売上拡大	固定収入の確立による安定経営	管理客数増加
	早期売上回収	早期完成、早期登記完了	20日締日の徹底
	下請外注との共存	利益率UP	下請見積りチェック
	自己資本の増強	自己資本比率UP	経常利益　年3千万
顧客の視点	オーナー研究会	空部屋サポート	満室率
	低コストアパート	ハウスメーカーとの比較	3割ダウン
	喜び	ハウスメーカーとの比較	3割ダウン
	住まいのトータルサポーター	141名のネットワーク	日50万の儲け
業務プロセスの視点	工期短縮	1か月ごとの完遂売上指数	日当り工事進捗金額
	原価削減	店舗専門特完部隊	2.5%ダウン
	不動産屋との交流会等	棟りょう、不動産のかかえこみ	客紹介指数
	アパートシミュレーション	地主のかかえこみ	口コミ
	自己啓発、作文、研修	お客様の気持ち理解	定期研修
人材と変革の視点	チームワーク作り	モノ作りのレベルアップ認識	業者会
	息の長い広告	雑誌、ミニコミ誌取材	年数回
	お客様の気持ち理解	お客様の幸せ	シミュレーション提案数

3. B社（冠婚葬祭業）

概況

同社の「人材と変革の視点」のCSFに「経験社員の独立の推進」とありますが、仕事に季節変動があるので、ベテラン社員を請負業として独立させています。周辺業務をネットワーク化し、独立を推進しているのです。人件費は削減されますし、質は逆に向上します。これが固定費の変動費化です。また、会社組織が一つのベクトルに向かって求心力を持つには、何でも話せる明るい組織風土が必要です。意見箱を設置し、部下からの改善提案を積極的に取り上げています。

業務プロセスでは、幹部会、売上予算会議、業績検討会議などにより、セクショナリズムの醸成をストップさせ、常に一つのベクトルに向かうように配慮されています。その結果、お客様満足度は常に良好で結果的に衣裳部は地域No.1の実績を誇っています。財務の視点では、部門別管理の徹底によって自部門の会社への貢献度が明確になっています。

財務的には売上総利益、そして各部門の貢献利益を知ることが重要です。それには、①冠婚売上と冠婚原価、葬祭売上と葬祭原価というように明確に売上げと原価とを対応させ、結果的に各部門別、発生場所別に把握することが大事です。圧巻だったのは、不採算部門の廃止とそれに伴う外注化で、これは、この会社の一貫した戦略であったような気がします。不採算の原因は、固定費の管理の仕方にあったようです。さらに、②各部署別の貢献利益を管理します。固定費を各部署と共通で発生するものとに区別し、一括管理するという考え方を徹底しています。このような考え方のもとで、各部署ごとの具体的な数値目標をもち、全社員が一丸となって健全な収益構造と資金繰りの安定化に努力しています。

B社（冠婚葬祭業）戦略マップ

ビジョン	日本人の通過儀礼の施行を通じて、民族の儀式文化の応援団になります。	戦略	ワクワク系ビジネスの実践
作成者		期間	平成14年10月1日～平成15年9月30日

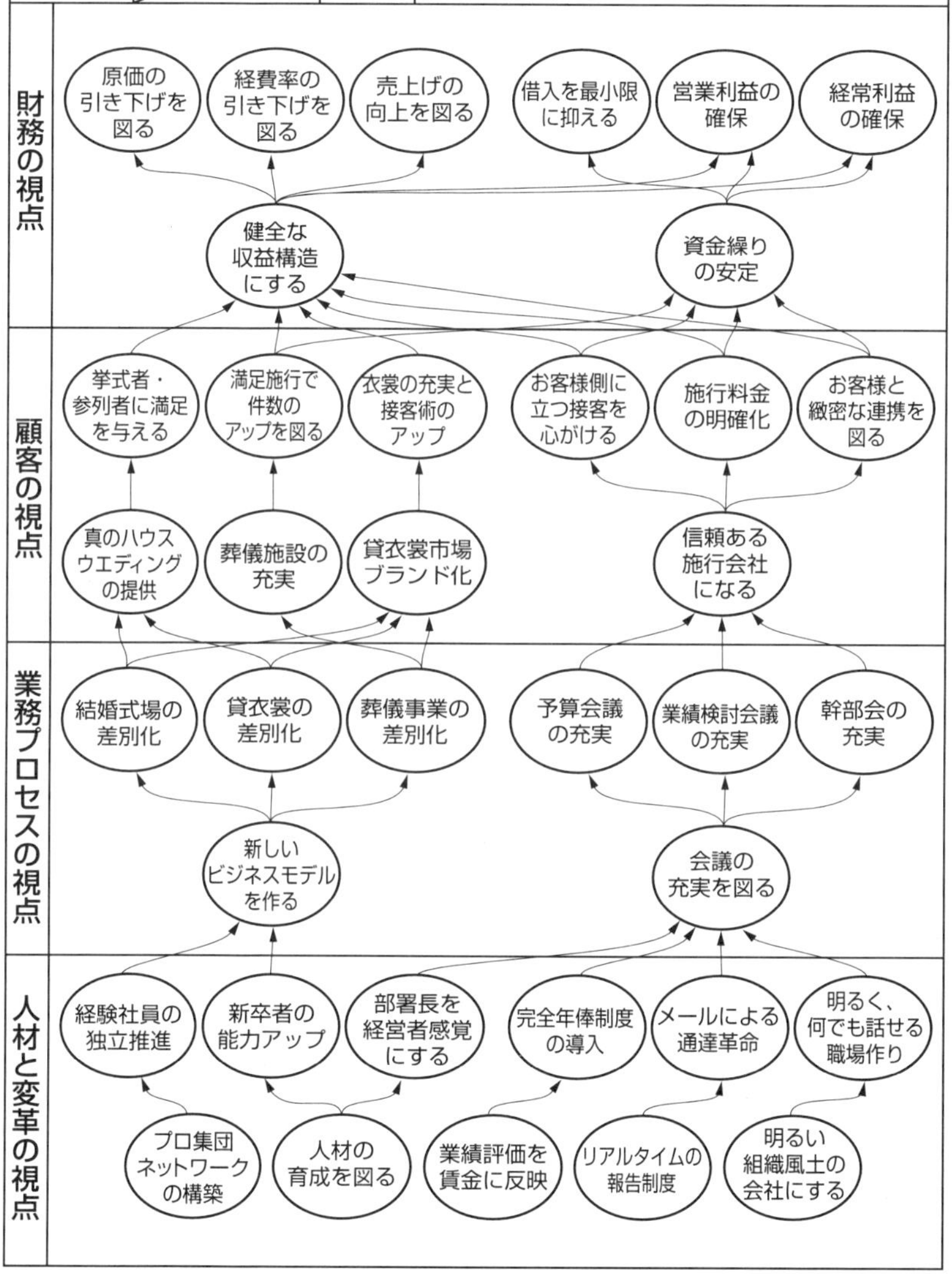

戦略：ワクワク系ビジネスの実践

目標	活動計画（アクション・プラン）
1270（千）	月次の予算会議で部署別徹底討議・検討
原価率33%	すべての納入品原価の逐次見直しを図る
経費率57%	月次の業績会議で部署別徹底討議・検討
127（千）	収益意識を全部署最前線社員まで徹底
152（千）	部署別月次決算により全社員が業績を把握する
180（千）	売掛回収をすべて20日以内に実施する。借入率25%以内
300組施行	婚礼式場改装・婚姻式の充実
180件	平成16年新斎場建設着手
衣裳件数950件	指定式場の開拓・占有率のアップ
クレーム1%以内	見積額と本契約額が一致するようにする
クレーム2%以内	月次反省会の実施及びプロによる研修会
クレーム　0	逐次ニュースレターの発行・手紙による連絡
全施行の50%	式次・演出のオリジナル、新料理の開発
社員の資格修得	メーク・スタイリスト・カラーの資格者養成
5名のプロ養成	○○塾入門・花祭壇のオリジナル化
全数値の達成	売上細部のデーター化・業務報告の充実
原価・経費率の達成	事前データーの完全把握、対策
月1回の実施	各部署共通問題でとらえる
月1完全実施	所属長の簿記能力、会計能力のアップ
有能社員に教育	社長の若手コーチングを生かす
共通認識	意見箱活用、上下なく対話の推進
年間2部門達成	花嫁着付け部門、葬儀司会演出部門
全社員実施	月次・半期・年度の個人成績表を作成
役職者全員実施	報告スタイルの統一、システムの改善

主な業務内容
・婚礼及び葬祭
経営理念
①オンリーワンの素晴らしいサービスを実行する企業になろう。 ②企業の勝ち負けは、社員マインドで決まることを知れ。 ③創造的破壊の1年にしよう。 ④ビジネス・人生の目標達成にこだわろう。
業績の動向
同業者との競合が激しく、4～5年前には業績が落ち込んだが、この数年は業績回復が著しい。
売上高　約13億円
社員数　77名
経営者　男性 年齢 62歳
創業　昭和47年

B社（冠婚葬祭業）バランス・スコアカード

ビジョン：日本人の通過儀礼の施行を通じて、民族の儀式文化の応援団になりま

期間：平成14年10月1日から平成15年9月30日まで

	戦略目標	重要成功要因（CSF）	重要業績指標（KPI）
財務の視点	健全な収益構造にする	売上げの向上を図る	前年比2.0%アップ
	〃	原価の引き下げを図る	原価率1%のダウン
	〃	経費率の引き下げを図る	経費率1.5%のダウン
	〃	営業利益の確保	営業利益率10%達成
	〃	経常利益の確保	経常利益率12%達成
	資金繰りの安定	借入を最小限に抑える	現預金を支払2か月分確保
顧客の視点	真のハウスウエディングの提供	挙式者・参列者に満足を与える	接客・料金・雰囲気100%
	葬儀施設の充実	満足施行で件数アップを図る	リピート率80%
	貸衣裳市場ブランド化	衣裳の充実と接客術のアップ	顧客定着・市場占有率のアップ
	信頼ある施行会社になる	施行料金の明確化	料金クレーム0を目指す
	〃	お客様側に立つ接客を心がける	お客様希望を90%可能にする
	〃	お客様と緻密な連携を図る	お客様希望を90%可能にする
業務プロセスの視点	新しいビジネスモデルを作る	結婚式場の差別化	人前式の完全オリジナル化
	〃	貸衣裳業の差別化	接客スペシャリストの養成
	〃	葬儀事業の差別化	式後のアフターニーズを実施
	会議の充実を図る	予算会議の充実	売上数値の完全掌握・未達反省
	〃	業績検討会議の充実	予算オーバーの経費の徹底追求
	〃	幹部会の充実	事前に問題点の把握・幹部教育
人材と変革の視点	人材の育成を図る	部署長を経営者感覚にする	業績会議を通し、部署損益を把握
	〃	新卒者の能力アップ	読書を通し、業務以外の勉強を
	明るい組織風土の会社にする	明るく、何でも話せる職場作り	上司と部下の定期対話の実践
	プロ集団ネットワークの構築	経験社員の独立の推進	人件費コストの削減・質の向上
	業績評価を賃金に反映	完全年俸制度の導入	月次査定制度を実施
	リアルタイムの報告制度	メールによる通達革命	資料経費及び連絡時間の削減

4．S社（会計事務所）

概況

昭和六十二年に独立開業し、平成十四年に税理士法人を設立し現在に至っています。開業以来、同事務所は早くから「税務」より「経営」を志向し、自計化推進による「業績管理体制の構築の支援」や「経営計画策定の支援」を実施していました。また、この前提として、月次巡回監査体制と早期決算完了体制を整備することが大切であり、それが書面添付の推進や平成十三年のＩＳＯ９００１の取得につながってきました。

同事務所の特徴は、お客様などに対して、タイムリーな情報をセミナー等を通じて提供していることです。これは日常の税務支援、経営支援サービスを行うに当たり、お客様に対しても均一な一定の知識を持っていてもらうほうが効果的だと考えているからです。セミナー内容は、創業者や後継者を対象にしたものや、経営者のための最新経営知識の習得を目的とするものなど幅広く用意されています。また、弁護士等の専門家十数名とネットワークを組織し、お客様の税務会計以外の質問に対しては専門家を紹介したり、協同して解決しています。

このような取り組みが功を奏し、同事務所は関与先件数を毎年着実に増加させています。

また、所内的には、電子申告の導入を機に、電子帳簿と電子申告を推進することで付加価値アップを図ることを目的として、「中小企業経営革新支援法」を申請し承認を得ました。このことは将来的にはペーパーレス・オフィスの実現に向け活動することで、劇的な業務効率の向上とコスト削減を目指しています。

S社（会計事務所）戦略マップ

ビジョン	尊敬される企業創りのサポート	戦略	ホスピタリティの提供
作成者		期間	平成14年10月1日～平成15年9月30日

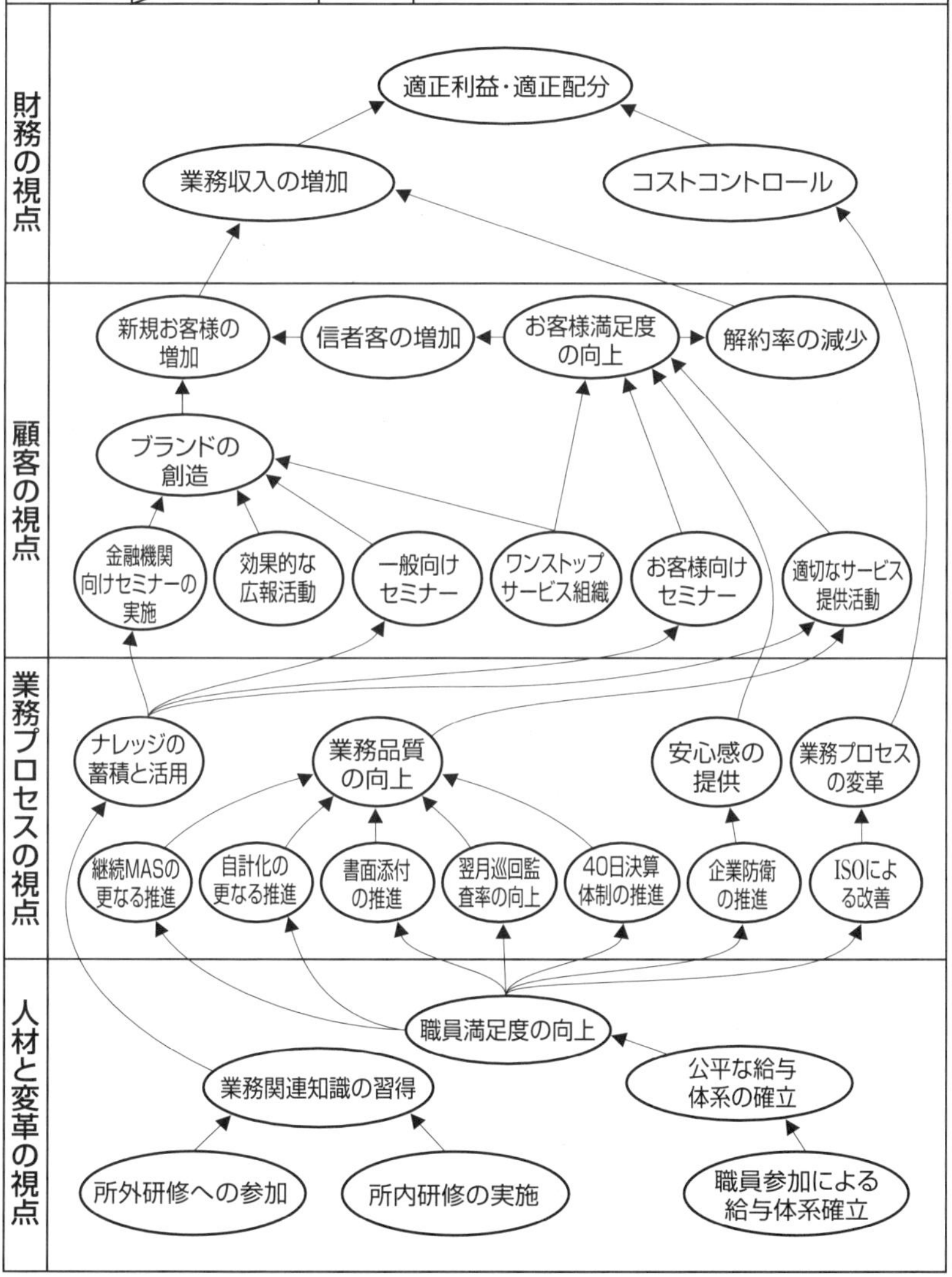

目標	活動計画（アクション・プラン）	
10%	お客様満足度の向上・セミナーの実施	代表社員
65%以下	ブレスト賃金制度の導入	代表社員
10%	利益計画書を厳守する	代表社員
10件以上	金融機関向けセミナー・書籍等の配布	代表社員・部長
500件以上	毎月2回以上の更新	広報担当
60%以上	年1から2回の創業塾開催	全員
10件以上	紹介による増加は、賞与査定増	全員
30人以上	年6回開催・書籍等の配布	代表社員・部長
年間20件以上		代表社員
90%以上	詳細は別紙	推進責任者
80%以上	詳細は別紙	推進責任者
60件以上	詳細は別紙	推進責任者
90%以上	詳細は別紙	推進責任者
60%以上	詳細は別紙	推進責任者
10億円以上	詳細は別紙	推進責任者
2件以上	1週間で2件以上の改善・褒賞	品質管理責任者
月1回	不参加は賞与査定減	総務部長
—	予算付けして参加を奨励	総務部長
合格人数		全員
—		全員

主な業務内容
・税務・会計全般 ・自計化ソフト導入による業績管理体制構築支援 ・経営計画策定支援
経営理念
自利利他
業績の動向
創業以来着実に業績を向上させている。また、戦略的な先行投資を実施し、それが未来の成長につながっている。
売上高　2億円
社員数　18名
経営者　男性 年齢 46歳
創業　昭和62年

S社（会計事務所）バランス・スコアカード

ビジョン：尊敬される企業創りのサポート　　戦略：ホスピタリティの提供

期間：平成14年10月1日から平成15年9月30日まで

	戦略目標	重要成功要因（CSF）	重要業績指標（KPI）
財務の視点	適正利益の確保	事業収入の増加	事業収入伸び率
		コストコントロール	労働分配率
			売上高経常利益率
顧客の視点	新規お客様の増加	金融機関との連携	紹介件数
		効果的な広報活動	HPアクセス件数
		創業塾の開催	お客様移行率
	お客様満足度の向上	適切なサービス提供	紹介件数
		お客様向けセミナーの開催	参加者数
		士業ネットワークの強化	相互紹介件数
業務プロセスの視点	業務品質の向上	継続MASの推進	実施割合
		自計化の推進	自計化推進割合
		書面添付の推進	書面添付件数
		翌月巡回監査率の向上	翌月巡回監査率
		40日決算体制の推進	実施件数
		企業防衛の推進	推進金額
	業務プロセスの変革	ISOによる改善	改善提案件数
人材と変革の視点	職員満足度の向上	資質の向上	所内研修
			所外研修
			資格取得制度の支援
		公正な給与体系の確立	

5．N社（運送業）

概況

地域では比較的大手の運送業者で、経営も順調です。また後継者にも恵まれており、親子二代にわたっての運転手もいるなど従業員の定着度も高いといえます。

①従業員教育　運送業者はただ単に「モノ」を運ぶだけではなく、預かった荷物を間違いなく相手方に届けるまでの総合的なサービスが決め手であり、到着時間を守ることは当然です。

運転手は単なる運転手ではなく、会社を代表して送り主に代わり大切な荷物を届けるという大切な職務であることを理解させるよう研修を行っています。

②安全運動　大手バス会社の運転手が高速道路で、長距離バスを飲酒運転するというとんでもない出来事が相次ぎ、本人自身のプロ意識の欠如と会社の管理の杜撰さが浮かび上がりました。運送業にとって無事故無違反は何よりも優先すべき課題であり、その前提である安全教育は常日頃から徹底しておく必要があります。当社においても以前死亡事故を起こした経緯があり、安全教育を行っています。

③実車率の向上　運送業にとって輸送効率の向上、すなわち空車走行を極力減らすことが業績向上に直結します。「帰り荷の確保」をいかに的確かつタイムリーに行うかが重要であり、業者間の提携、同業者組合などへの加入による情報の共有化が有効な手段となります。

当社もトラック事業共同組合に加入しており、空車走行の減少に取り組んでいます。

N社（運送業）戦略マップ

ビジョン	物流を通じて社会に貢献する	戦略	特殊輸送の比率の向上
作成者		期間	平成14年10月1日～平成15年9月30日

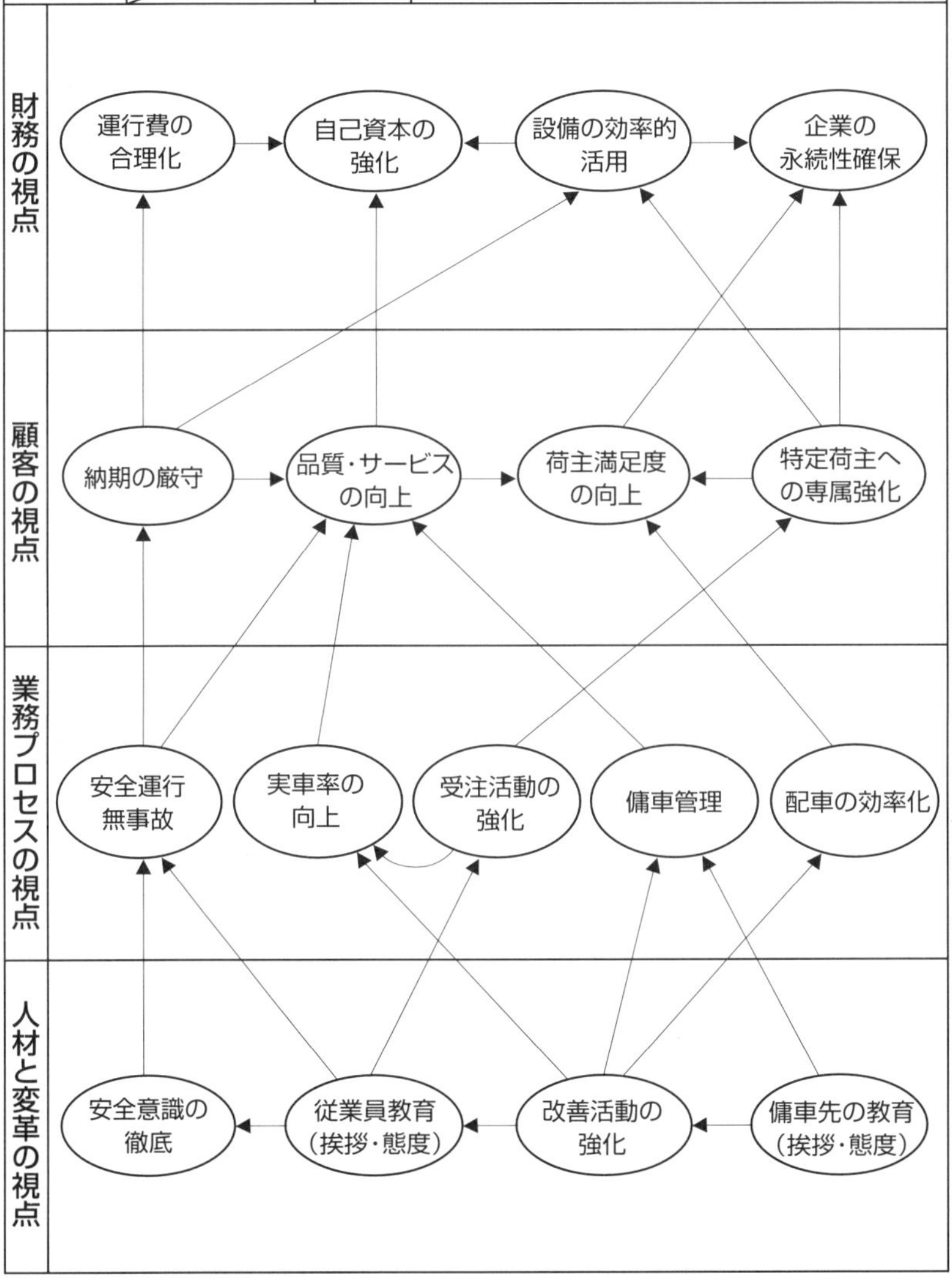

目標	活動計画（アクション・プラン）
5%	業績管理と利益意識の向上
30%以上	増資（役員借入金の振向けなど）
対売上高7%	運転日報等のチェック
50%	固定資産取得等チェック
50%	5か年投資計画の策定
110%	回収の徹底と貸倒防止
0件	従業員・傭車先の教育
0件	従業員・傭車先の教育
0件	従業員・傭車先の教育
毎月訪問	トップの訪問等で関係強化
0件	安全教育の徹底と意識向上
70%以上	帰り荷の確保
毎月3件	荷主の新規訪問
5%	稼働率のチェック
ロス率5%	稼働率のチェック
違反件数0	研修会開催
年3回	研修会開催
毎月3回	提案に対してのインセンティブ
年3回	研修会開催

主な業務内容
・トラック運送事業
経営理念
・物流を通じて社会に貢献する。
業績の動向
この数年、ほぼ業績は現状維持を示している。
売上高　約5億円
社員数　45名
経営者　男性 年齢 72歳
創業　昭和42年

N社（運送業）バランス・スコアカード

ビジョン：物流を通じて社会に貢献する　　戦略：特殊輸送の比率の向上

期間：平成14年10月1日から平成15年9月30日まで			
	戦略目標	重要成功要因（CSF）	重要業績指標（KPI）
財務の視点	自己資本の強化	適正利益の継続確保	売上高対経常利益率
		借入金の削減と自己資本増強	自己資本比率
	運行費の合理化	ムリ、ムラ、ムダの削減	売上高対運行費
	設備の効率的活用	遊休車両の解消	固定長期適合率
	企業の永続性確保	適正投資の継続と資金管理	固定長期適合率
			経常収支比率
顧客の視点	安全運送	安全教育の徹底	事故件数
	品質・サービスの向上	社員教育の徹底	クレーム件数
	荷主満足度の向上	納期、品質厳守	クレーム件数
	特定荷主への専属強化	重要顧客との連携強化	トップの訪問回数
業務プロセスの視点	安全運行・無事故	安全意識の徹底	事故件数・違反件数
	実車率の向上	空車率の軽減	実車率チェック
	受注活動の強化	営業活動の強化	訪問件数
	傭車管理	傭車管理の徹底	売上高対傭車率
	配車の効率化	自社車両及び傭車の適正運行	車両実働率
人材と変革の視点	安全意識の徹底	無事故・無違反	事故件数・違反件数
	従業員教育	挨拶・応対	研修会開催件数
	改善活動の強化	社員からの改善提案	提案件数
	傭車先の教育	自社従業員と同程度のレベル	研修会開催件数

6．I社（牛乳宅配業）

概況

牛乳宅配業はスーパーやコンビニとの競合状態にあり、労働集約的で生産性が低いというイメージがありますが、宅配事業は「お客様の家庭」「お客様の台所」に直結するものであり、「お客様の身」になって対応すれば、事業としても魅力のあるものになります。最近の傾向としては「健康志向」「自然志向」により、牛乳のみでなく乳製品以外のものも宅配商品として開発されています。

現社長はこの事業を開始する前は建設業に従事しており、ある縁から牛乳販売店を個人で創業しました。まったく一からのスタートですが、現在は法人化し、地域でも有数の牛乳宅配業としての地位を固めています。

売上金額は多いものの収益性が極めて低かったスーパー納入関係を減らし、個人家庭と直結し、収益性も高い宅配に取り組んできました。

営業の現場でも社長の指示のもと、お客様優先主義を徹底し、決して無理な拡大を行うことなく順調に宅配件数を増やしています。また同社の特徴は次の通りです。

①お客様に対する挨拶も明るく大きな声できちんとできている。

②拡販のために訪問した際も、対応がきちんとしており、断られても次につながるように気持ちよく「ありがとうございました」と退出する。

③お客様からのクレームに対する対応は最優先で行うことが徹底されている。

④解約する場合もお客様の意向にそのまま従い、決して無理に継続することをお願いしない。

以上の姿勢が評価され、一時取りやめた家庭が復活する例も多いようです。

I社（牛乳宅配業）戦略マップ

ビジョン	飲と食を通じて、地域社会に貢献する	戦略	新規顧客の開拓
作成者		期間	平成15年4月1日～平成16年3月31日

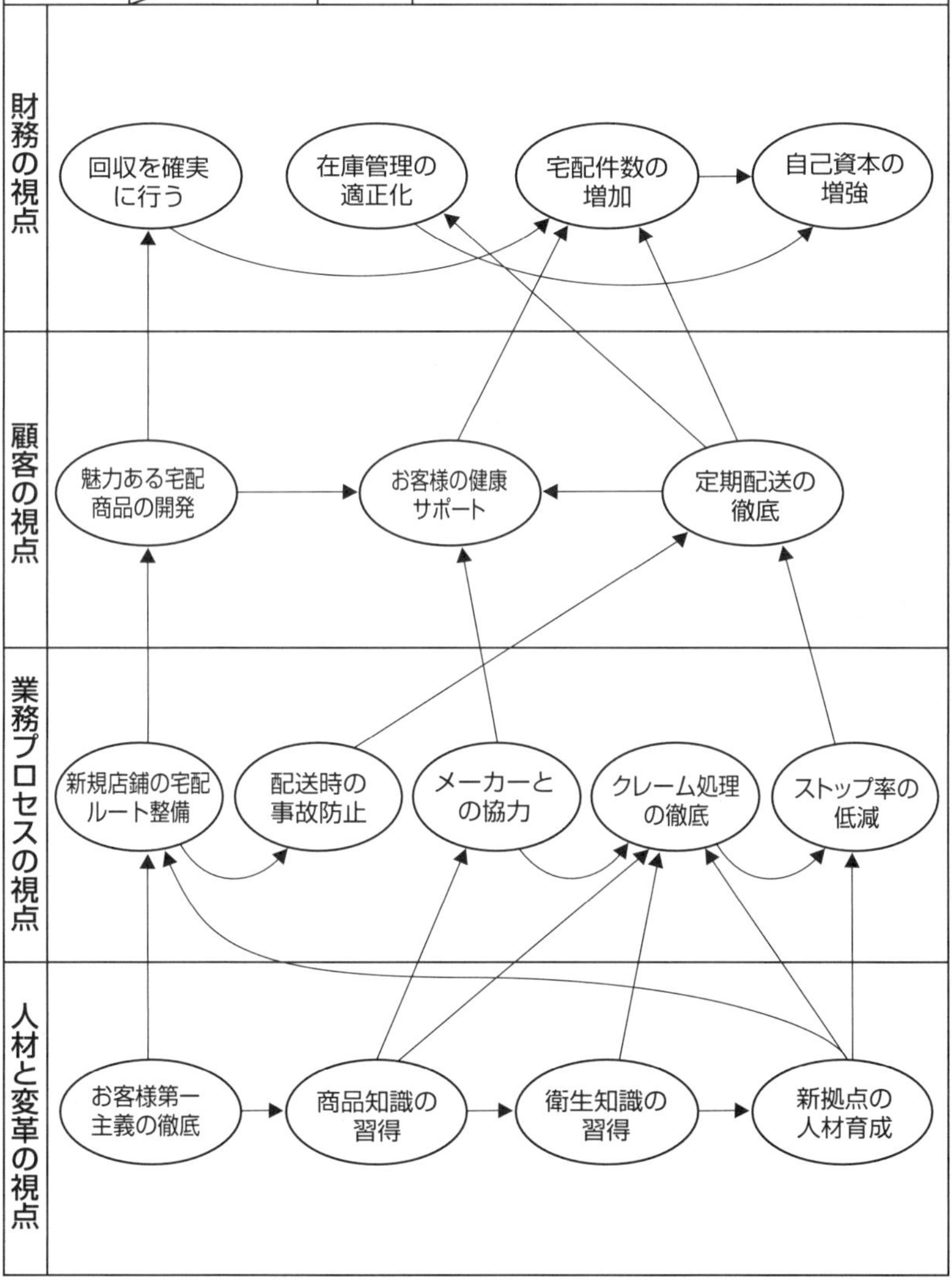

目標	活動計画(アクション・プラン)
5%	取引先別の利益状況チェック
回収率100%	小口集金の徹底と集金日の厳守
7日	適正仕入
500件	訪問件数の増加
30%	利益を出し、内部留保
20件	お客様からの紹介
0件	配達の際のチェックを間違いなく行う
年間数件	乳製品以外の商品研究
毎月1件	情報の収集と取捨選択・提供
0件	配送ルートの徹底
合理的ルート	地域ごと・担当者ごとのルート研究
0件	交通安全意識の徹底
随時	メーカー担当者との連携
クレーム0	クレームが報告される体質作り
2%以内	お客様の声が聞こえるシステム
毎月1回	挨拶の徹底
毎月1回	取扱商品の特長などを把握
毎月1回	食物を扱うという意識の徹底
毎月1回	セミナー等への参加開催・OJT

主な業務内容	
・一般家庭への牛乳宅配 ・健康食品の販売	
経営理念	
・飲と食を通じて、地域社会に貢献する	
業績の動向	
1.積極的な営業推進により順調に宅配件数を増やしている。 2.増収増益	
売上高	約2億円
社員数	16名
経営者	男性 年齢 48歳
創業	平成2年

I社（牛乳宅配業）バランス・スコアカード

ビジョン：飲と食を通じて、地域社会に貢献する　　戦略：新規顧客の開拓

期間：平成15年4月1日から平成16年3月31日まで			
	戦略目標	重要成功要因（CSF）	重要業績指標（KPI）
財務の視点	適正利益の確保	適正価額による販売	売上高経常利益率
	回収を確実に行う	きめ細かい回収を行う	回収率・売上債権回転期
	在庫管理の適正化	在庫ロスの減少	棚卸資産回転期間
	宅配件数の増加	宅配件数増加	新規お客様の増加件数
	自己資本の増強	自己資本比率	自己資本比率
顧客の視点	お客様満足度の向上	新規宅配件数の増加	お客様からの紹介件数
		クレームの撲滅	クレーム件数
	魅力ある宅配商品の開発	取扱商品の拡充	新規開発件数
	お客様の健康サポート	お客様に対する情報提供	情報提供件数
	定期配送の徹底	決められた曜日、決められた時間に配送	誤配達件数（商品、数量など
業務プロセスの視点	新規店舗の宅配ルート整備	宅配ルートの確立	配達所要時間・回収所要時
	配送時の事故防止	無事故	事故件数
	メーカーとの協力	メーカーとの良好な関係維持	メーカー担当者との打ち合わせを密にす
	クレーム処理の徹底	クレーム解決	クレーム件数と解決件数
	ストップ率の低減	継続率の向上	年間解約数
人材と変革の視点	お客様第一主義の徹底	接遇研修など	研修会開催
	商品知識の習得	商品研究会	研修会開催
	衛生知識の習得	衛生研究会	研修会開催
	人材の育成	支店を任せる人材	研修会開催・OJT

7. R社（小売業）

概況

日本人の社会環境や生活スタイルに必要不可欠となったコンビニエンス・ストアは、全国どこへいっても乱立傾向で、競合店とのつぶし合いもおきています。若者たちの昼食もジュースパックと菓子パンですませ、三〇〇円でおつりが来るといった消費動向が見られ、平均購買単価が四〇〇円台から三〇〇円台に落ち込む店も出てきているようです。このような難しい時代に打ち勝つために、フランチャイズ本部では、傘下のコンビニエンス・ストアを作りかえようとしています。そのホームページでは「町のほっとステーション」実現に向け、まず社員の一人ひとりが共通の価値判断を行い、お客様満足に向け、自ら行動できるように「企業理念」を制定しています。それは「私たちは人を大切にする心と創造的行動を通じて、お客様の便利な生活と地域社会の発展に貢献します」としています。

そして「六つの行動指針」として、①お客様満足の実現、②オーナー満足の実現、③Win-Winの関係強化、④企業価値の向上、⑤市民としての良識と行動、⑥活力あふれる企業文化の構築、と定めており、お客様に最高の満足を提供するために、企業理念を共通の価値基準とし、どこのお店でも同じ銘柄の商品が、同じ売場で、同じサービスが受けられる安心感とより効率化されたお店を目指してきました。しかし、この「同じ」ということを徹底したために、来店されたお客様にとって、驚きや感動のない無機質なお店になってしまっています。そこで、お店や商品やサービスが全国一律である必要はないと考えて、それぞれのお店が、その地域の街にあったお店になるように努力して、清潔感や独自商品の陳列などを、経営者オーナーが打ち出す時代となったようです。

R社（小売業）戦略マップ

ビジョン	心のこもった接客	戦略	再来店していただける仕組み作り
作成者		期間	平成15年4月1日～平成16年3月31日

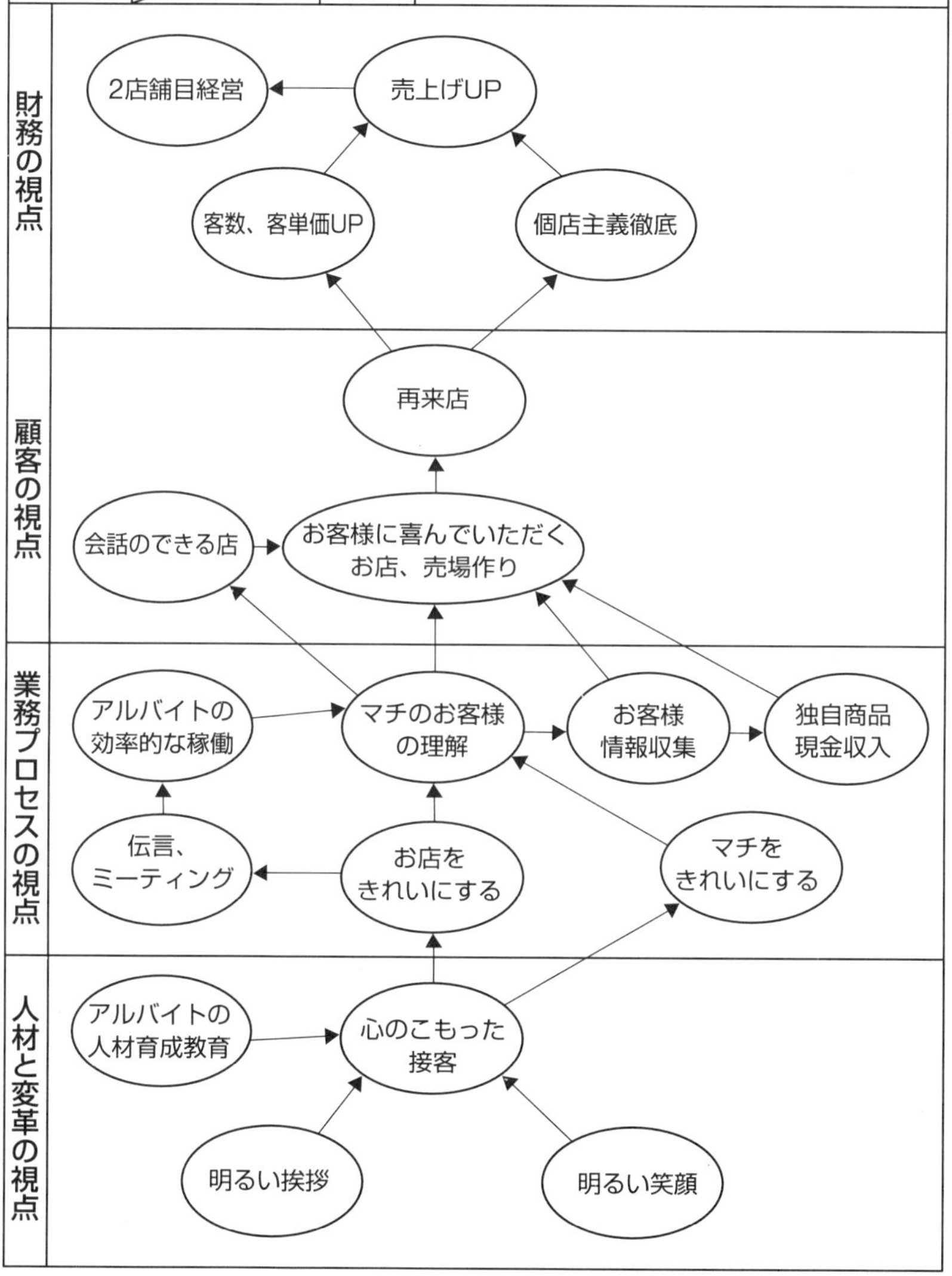

目標	活動計画（アクション・プラン）
400円台	
笑顔	笑顔の無料販売
前年5%UP	たばこの取扱
	カードと電子マネーの利用促進
	商品説明シールの徹底
毎日	スマート掃除～ディズニーLのように
2時間ごと	チェック表
毎日	日時報告
3か月以内	顔と名前の一致
毎月	「へぇ～」と言っていただける商品
毎日	挨拶の徹底、職場の教養輪読
毎日	声出しの練習
毎月1回	取扱商品の特長把握
1か月以内	近所マップの配布
毎日、月1回	笑顔係数コンテスト

主な業務内容
・コンビニエンス・ストア
経営理念
3つの徹底 1.個店主義徹底。 2.お店とマチをきれいにする。 3.再来店していただける心のこもった接客。
業績の動向
不況の影響や競合店の乱立により、売上減少気味である。商品単価の値下げや、安い商品選抜の消費動向により、客単価が下がり気味である。 念願の2店目がオープン。
売上高　1億5千万円
社員数　40名（含むアルバイト）
経営者　男性　年齢 60歳
創業　平成7年

R社（小売業）バランス・スコアカード
ビジョン：心のこもった接客　　戦略：再来店していただける仕組み作り

期間：平成15年4月1日から平成16年3月31日まで			
	戦略目標	重要成功要因（CSF）	重要業績指標（KPI）
財務の視点	客単価のUP	おいしい商品アピール	今年の春の客単価回復
	個店主義徹底	心のこもった接客	挨拶と笑顔
	売上げUP	笑顔と挨拶と心のこもった接客	客単価回復
顧客の視点	会話のできる店	挨拶と声がけ	名前を呼ぶ
	お客さまの喜ぶ売場作り	フェイスアップの徹底	
	再来店	お客様から会話をしていただく工夫	新商品の紹介
業務プロセスの視点	マチをきれいにする	朝夕店外掃除	掃除中の挨拶
	お店をきれいにする	トイレ定時チェック徹底	掃除中の挨拶
	アルバイトの効率利用	作業指図書作成	報　連　相
	マチのお客様理解	申込商品より顧客名簿	100名のA顧客
	独自現金仕入	お客様から望まれる商品	1か月1種新商品
人材と変革の視点	明るい挨拶	接遇研修など	朝礼、夕礼
	アルバイトの人材育成教育	「職場の教養」輪読	朝礼、夕礼
	アルバイトの商品知識の習得	商品研究会	研修会
	心のこもった接客	道案内の徹底	近所マップ作成
	明るい笑顔	店頭に出る前に鏡に笑顔	店での笑顔係数

<table>
<tr><td colspan="2">ビジョン</td><td colspan="2"></td><td>戦略</td><td></td></tr>
<tr><td colspan="2">作 成 者</td><td></td><td>期間</td><td colspan="2">平成　　年　　月　　日~平成　　年　　月　　日</td></tr>
<tr><td>財務の視点</td><td colspan="5"></td></tr>
<tr><td>顧客の視点</td><td colspan="5"></td></tr>
<tr><td>業務プロセスの視点</td><td colspan="5"></td></tr>
<tr><td>人材と変革の視点</td><td colspan="5"></td></tr>
</table>

ビジョン		戦略	
作成者		期間	平成　年　月　日～平成　年　月　日
財務の視点			
顧客の視点			
業務プロセスの視点			
人材と変革の視点			

戦略マップを作成する際、エクセルやパワーポイントの図形描画機能を利用すると便利です。

<table>
<tr><td>ビジョン</td><td colspan="3"></td><td>戦略</td><td></td></tr>
<tr><td>作 成 者</td><td></td><td>期間</td><td colspan="3">平成　年　月　日～平成　年　月　日</td></tr>
<tr><td>財務の視点</td><td colspan="5"></td></tr>
<tr><td>顧客の視点</td><td colspan="5"></td></tr>
<tr><td>業務プロセスの視点</td><td colspan="5"></td></tr>
<tr><td>人材と変革の視点</td><td colspan="5"></td></tr>
</table>

<table>
<tr><td colspan="2">ビジョン</td><td colspan="2"></td><td>戦略</td><td></td></tr>
<tr><td colspan="2">作成者</td><td></td><td>期間</td><td colspan="2">平成　年　月　日～平成　年　月　日</td></tr>
<tr><td>財務の視点</td><td colspan="5"></td></tr>
<tr><td>顧客の視点</td><td colspan="5"></td></tr>
<tr><td>業務プロセスの視点</td><td colspan="5"></td></tr>
<tr><td>人材と変革の視点</td><td colspan="5"></td></tr>
</table>

戦略マップを作成する際、エクセルやパワーポイントの図形描画機能を利用すると便利です。

目標	活動計画（アクション・プラン）

主な業務内容
経営理念
業績の動向
売上高　　　　円
社員数　　名
経営者 年齢　歳
創業　　　年

ビジョン：　　　　　　　　　　　　　　　　戦略：

期間：平成　年　月　日から平成　年　月　日まで			
	戦略目標	重要成功要因（CSF）	重要業績指標（KPI）
財務の視点			
顧客の視点			
業務プロセスの視点			
人材と変革の視点			

編集後記――「プロの職業会計人、ここにあり」

七人の執筆者の横顔

本書『社長の仕事』の七人の執筆者は、全員が税理士または公認会計士の資格を持つＴＫＣ会計人です。それもビッグな監査法人に勤務しているのではなく、長引く不況に苦しむ中小企業の再生と復活のために、それぞれの地元において日夜奮闘されている身近な会計事務所の所長さんたちです。そして七人は、ＴＫＣ全国会の創業・経営革新支援委員会やシステム委員会の委員として活躍されています。

松本健司氏（税理士、63歳）には、本書の編集プロジェクトチームのリーダーをつとめていただきました。氏は、北九州市八幡区に松本税理士事務所を構えておられます。昭和四十八年に開業され、レベルの高い税理士業務を推進する傍らで、「経営者へのお役立ち」（ご本人の言葉です）を願ってマネジメント・コンサルタントを志されました。全国各地で開催されるマネジメント研修や経営セミナーを渉猟し、経営書を読破しつつ、現場での体験を積み重ね、組織リーダーとしての感性を磨いてきた経歴の持ち主です。

氏の中小企業の経営指導にかける情熱はなみなみならぬものがあり、エネルギッシュで説得力にあふれています。いまでは企業の組織風土改革による会社業績の改善というライフワークとともに、「人を育てる」ことが最大の関心事となってきているようです。「社長は社長の仕事をせよ」「継続は倒産なり」など、本書の主要な骨組みは、松本氏の考え方に基づいています。

氏は猛烈な読書家で、中でも戦史と戦略に関する造詣は深く、日常的なお話の中で、トラファルガーの海戦における英国艦隊のネルソン提督の決断はどうであったかといった興味深いお話しが次々に出てきます。

経営指導に豊富な経験を持つ松本氏に、その中小企業経営者観についてうかがったところ、言下に「純粋な経営者は伸びます。ぶれの大きい経営者はだめ。早めに自分の信念なり理念が明快にびしっと決まると、経営とは適正利益の確保だという意味が分かってくると思います」とおっしゃっておりました。

ＴＫＣ九州会（会員八二五名）の会長、そしてＴＫＣ全国会の副会長として、いろいろなプロジェクトをリードしながら、会計事務所業界の発展に尽くされておられますが、本書の出版のためにも相当な時間を割いていただき、その間、懐の深いリーダーシップを遺憾なく発揮しておられました。


赤岩茂氏（公認会計士・税理士、46歳）は「経営理念」や「企業再生」について解説されています。氏は、平成元年に茨城県猿島郡三和町で開業され、平成十四年には「税理士法人報徳事務所」を設立されました。ちなみに「報徳」は、江戸期（十九世紀前半）において荒廃した農村の復興運動に努めた経世思想家二宮尊徳の中心思想である「報徳一円」に由来しています。

ＴＫＣ全国会創業・経営革新支援委員会委員長であり、茨城県古河地区の経営革新支援グループの運営委員として、中心的役割を果たされています。報徳事務所では、まさに報徳の精神で、茨城県下の中小企業に対する経営者セミナーを広く開催し、ご自分の関与先に対しては中小企業経営革新支援法の承認企業育成に積極的に取り組んでいるのです。

「自分を高めて世の中に貢献させていただく。そのためには日々努力を継続していかなくてはならない。本を一日一冊読む人と一年に一冊の人とでは、十年たったらその差は埋めようがありません。十年たったら絶対差が出るような人生を歩んでいこうと、事務所スタッフによく話しています」と語っておられます。

ご自身が猛烈な読書家でもあるわけですが、「本には知識を得るための本と、自分を戒め自分を客観的に省みることのできる本とがあって、後者の代表である古典に日頃親しみ、例えば『ブッダのことば』（岩波文庫・中村元著）などは何度も読み返し、そのたびに得るところがある」とおっしゃっておりました。

松本正福氏（税理士、54歳）は「企業風土」、「バランス・スコアカード」などについて解説されました。氏は、昭和六十年から鳥取県境港市に松本正福税理士事務所を構えておられ、典型的な地域密着型の会計事務所として、地場の中小企業に対するパソコン会計（FX2）による自計化支援、企業格付けアップにつながる中期経営計画の策定指導、経営者セミナーの開催などに積極的に取り組んでおられます。

境港市には、日本海有数の漁港として知られる境港があり、水産関連業によって支えられている地域です。過去には五年連続水揚日本一を記録したこともある境港ですが、このところ主力のイワシを中心とした水揚量が平成五年の約七十万トンから平成十五年は十二万トン強にまで激減するなどして、地域経済は厳しい状況にあるそうです。他の地域では製品やサービスの売上げが伸び悩んでいるわけですが、ここでは自然の恵みである漁獲量の減少が地域経済を直撃しているのです。

しかし、そのような状況にあっても発展している中小企業が存在しています。本書のバランス・スコアカードの事例に取り上げられている水産加工会社は、松本氏の関与先企業なのですが、先代社長の材料・品質・味への強いこだわりを、現社長が継承・発展させて新しいスター商品の開発に成功、販路を徐々に拡大しながら、業績を確実に伸ばしているそうです。氏は、「状況がどんなに厳しくても、経営者の経営姿勢や戦略性の違いが、業績の差となって歴然と表れてくることを実感しました。そのことが本書の執筆にあたって一番訴えたかった点なのです」と語っておられます。

齋藤保幸氏（税理士、48歳）は「経営計画」の上手な活用方法を中心に解説されています。氏は、昭和六十年以来、静岡県沼津市で開業する「齋藤保幸税理士事務所」の所長さんです。他の執筆者と同様に、齋藤氏の事務所では、すべての関与先企業に対して毎月の巡回監査と月次決算を徹底して実践しておられます。その日常業務の中で、特に「関与先経営者との対話」を重視しており、中期経営計画の策定指導、パソコン会計（FX2）による自計化推進、そして黒字決算体制の構築支援に力を入れています。

ご自身の経験を踏まえて、「経営者は常に、傍目八目的な、第三者的立場からの助言を求めている。だから会計事務所の存在意義はまさに経営助言にある」と強調。事務所スタッフに対しても「毎月の巡回監査の際に、業績の変化が月次の数字から読み取れる。経営者がどんな意思決定をすれば会社の業績がどう変わるのかをよく観察し、自分の頭の中のデータベースに蓄積して、次の経営助言に生かしなさい」と教導されています。その蓄積が「会計事務所の強みにつながる」ということです。そして「経営指導などと大上段に構えずに、経営者の考えを上手に引き出す聞き役に徹しなさい」とも話しておられます。

齋藤氏は、ＴＫＣ会員が使用する経営計画策定ツール「継続ＭＡＳ」の開発プロジェクトにおいて中心的役割を果たしましたが、同システムの特長である「経営者との対話」を通じて、その考えを引き出していくというアプローチには、氏の発想が大きく反映しています。

島津文弘氏（税理士、44歳）には、主に「企業再生」について解説していただきました。氏は、群馬県高崎市に島津会計税理士法人を開設している二代目税理士です。公認会計士事務所での修業を経て、平成三年に父上の会計事務所に復帰して以来、経営助言に力を入れておられます。

地元の中小企業に対して、業績改善や上手な資産運用のために「ほんの些細なアドバイスを継続してきた結果」(ご本人の言葉です)、関与先件数は事務所承継時から飛躍的に増えているそうです。関与先企業の社長さんから「あなたは二代目らしくなくていい」とほめられたことが一番うれしかったそうです。

TKC関信会(会員一三四五名)のシステム委員長ではありますが、地元密着型の会計事務所経営を志向しており、群馬県の経営革新専門アドバイザー、高崎市の経営改革委員でもあります。最近では、高崎市の行政の方向性をバランス・スコアカードに落とし込んで、関係者に提案しています。さらに地元のテレビ局で、ビジネス番組のコメンテーターとして出演しておられます。また、五年ほど前から高崎市の観光振興策として、高崎市を「パスタの街」にしようという運動の旗振り役も務めておられるのです。

島津氏は、本書を執筆している間に、関与先企業の社長さんと一緒にバランス・スコアカードの「戦略マップ」を作り、その会社の長期的戦略を語り合っているうちに、社長さんの目がどんどん輝きはじめたことが一番印象的で、大変うれしかったと述懐されています。

黒岩延時氏(公認会計士・税理士、47歳)は「制約理論」を中心に解説されました。

氏は、若くしてニューヨーク大学に学び、同大学の客員研究員、米国会計事務所のスタッフとして勤務したあと、平成八年に帰国し、父上が経営する黒岩嘉六公認会計士事務所に勤務。平成十三年には福岡市に「黒岩延時公認会計士事務所」を独立開業されました。

「会計事務所を経営していると、真剣に経営に取り組む中小企業の経営者から啓発される機会が多い。経営者はいつでも自社の業績改善に役立つ経営ノウハウに飢えており、会計事務所が真剣に助言すれば予想以上の効果が期待できる」と語っておられます。本書に「戦略マップ」を収録した同氏の関与先の事例ですが、社長さんは理想家タイプ、専務さんが実践家。その専務さんにバランス・スコアカードの活用方法を伝授したところ、数日のうちに自分で戦略マップを作成して、さっそく実践に移ったということです。

黒岩氏は、「そのような経営者がもっとたくさんいるはずです。経営戦略を立てて現場に落とし込むことは簡単ではありません。しかし、中小企業においてはバランス・スコアカードの考え方が一番役立つことでしょう。我々会計事務所はこれをもっと関与先に向かってアピールすべきです」と述べておられます。

海江田博士氏（税理士、52歳）には「目標管理」と「マーケティング」について解説していただきました。氏は、鹿児島県曽於郡志布志町に海江田経営会計事務所を構える二代目税理士です。父上の会計事務所を平成六年に承継するまでに、東京でマーケティング・リサーチ会社を立ち上げ、約十年にわたって経営された経歴の持ち主です。バブル経済の最盛期には、地域開発、リゾート開発、テーマパーク等に関する調査の依頼が非常に多く、七十二時間不眠不休で働いたこともあったといいます。中でもテーマパークの調査依頼には、国内にはディズニーランド以外に参考データがないため、大変苦労されたそうです。

クライアントから、テーマパークの「フィージビリティ・スタディ」（実行可能性調査）を依頼されて、可能性が低いと判断される場合であっても、ダメだという表現ではなく、前提条件をどう変えれば可能性がどの程度高まるかを、ＡＢＣの代替案にまとめて提出するなど、意思決定支援の基本的な手法を学ぶことができたそうです。こうしたコンサルティングの経験を現在の関与先企業の経営助言に生かすとともに、マーケティングに強い税理士として地元の経営者セミナーの講師としても活躍されています。

このような個性と実務経験が豊かな七人の職業会計人が、約一年にわたって自由闊達な議論をくり返し、集中的な執筆期間を経て本書が誕生したわけですが、地域密着型の会計事務所の所長さんならではの現場体験から生まれた発想や言葉が散りばめられており、それが本書の特長と魅力ではないかと思われます。

TKC全国会の取り組み

それでは、ここで本書の執筆者である七人の会計人が加盟するTKC全国会について述べたいと思います。

TKC全国会は、昭和四十六年八月に創立されましたが、その事業目的の第一に「租税正義の実現」を掲げ、関与先である中小企業の永続的な繁栄への貢献を目指してさまざまな活動を展開してきました。

現在、北は稚内市から南は石垣市まで、全国で約九千名の税理士または公認会計士が加盟しています。

いまTKC全国会では、中小企業の再生と復活を願って、『成功の鍵(KFS)作戦21』と名付けたキャンペーンを展開しています。

そこでは次の三目標を掲げています。

①関与先企業の黒字決算割合の向上
②関与先企業の創業・経営革新の支援
③会計事務所の社会的使命の完遂

ここで関与先企業の黒字決算割合の向上とは、企業格付けの時代において「二年以上の赤字決算は命取り」という認識の下に、関与先の経営者に対して、毎月最新の経営成績を迅速・正確に報告することができるように、会計事務所自身が「翌月巡回監査率」を高める事務所体制を作り上げること。そして、会計記帳の合理化と黒字決算の実現に役立つTKCのパソコン会計ソフト(FX2)の普及を促進すること。

次に創業・経営革新支援とは、「創業・経営革新アドバイザー制度」を立ち上げるとともに、都道府県、商工会議所、金融機関などの協力を得ながら、全国各地で「経営革新セミナー」を展開し、関与先経営者に創業計画や経営改善計画の策定方法をしっかり学んでいただくこと。そして中小企業経営革新支援法の承認企業を育成すること。さらに会計事務所の社会的使命の完遂とは、会計法令に完全準拠した「真正な決算書」を作成するとともに、税務申告に際しては「決算申告確認書」（税理士法第三十三条の二に定める添付書面）を積極的に添付し、税務当局や金融機関等から本当の信頼を得るということです。

以上を主な活動内容としています。

いま中小企業の業績は、長引く不況、貸し渋り・貸し剥がし、国と地方の公共事業予算の大幅カットなどによってきわめて悪化しています。新規に開業する企業よりも廃業する企業のほうがずっと多いのです。

さらに大きな問題があります。このような厳しい経営環境の中で、中小企業を支える世の中の制度や仕組みが「市場競争」を促進し、「優勝劣敗」を許容するという方向に変わってきていることです。

大手行を含めて金融機関は、金融庁からの要請に応じて、中小企業の新規貸出先を一生懸命に開拓しています。しかし、実際に貸出するのは企業格付けで「正常先」または「要注意先」とされたところです。この場合であっても、正常運転資金以外の融資目的の場合は「中期経営計画」の提出が求められ、かつその実施状況について詳しい報告が求められるようになりました。

また、国と地方の中小企業政策のスタンスもより厳しい方向へと変わりました。これまでの二重構造論による「弱者救済」の考え方は放棄され、「中小企業は我が国の経済活力の源泉である」（平成十二年版『中小企業白書』）との認識の下で、新しい政策理念として「中小企業の多様で活力ある成長発展」を掲げるようになりました。すなわち国や地方は、すでに「適者生存」、つまり〝やる気のあるところを応援する〟という方向に政策転換しているのです。

こうなると中小企業の社長さんには、行政などへの依存心をきっぱりと捨て、『自尊独立の経営』を目指してもらわなくてはなりません。これまでの日本的経営風土からの脱却が求められているのです。どなたも経営者として「やる気」と「能力」を進んで示し、約束した「結果」を出すことが求められるのです。

そのためにTKC会計人がお手伝いできることは何か。その答えが、この『成功の鍵（KFS）作戦21』キャンペーンだったのです。

会計事務所のパラダイムシフト（企業の後方支援から前方支援へ）

中小企業の経営者、それも若い世代の経営者であれば、会計事務所が「私たちは中小企業の創業と経営革新を支援しています」と言うのを聞いて、首をかしげる方がおられるかもしれません。会計事務所と聞けば、いまだに古いイメージが残っており、遅れがちな記帳代行や申告期限ぎりぎりの法人税申告書の作成、そして秘密めいた税務署との交渉が中心的な仕事であると思っておられる方も多いでしょう。

経営者の立場から見ると、この手の仕事は前向きではなく、経営の後片付けのようなものですから、決して魅力的なサービスには見えません。

しかし、平成二年にバブル経済が崩壊して以来、会計事務所の仕事ぶりは大きく変わりました。今回、本書『社長の仕事』を出版したことはその証明でもあります。

会計事務所は「関与先企業の繁栄」なくして存続できません。右肩上がりの経済がストップし、多くの中小企業が業績不振に悩むことになりました。売上げが伸びていればこそ、経営上の問題は自然に解決できたのですが、そうはいかなくなりました。

ＴＫＣ全国会に加盟する会計事務所においては、関与先企業がそのような深刻な事態にあることを自分たち自身の危機としてとらえ、この十年をかけて中小企業の再生と復活につながる新しいサービスを次々と開発し、これを積極的に実践してきたのです。

今日、これらの新しいサービスを受け入れ、うまく活用している中小企業においては業績が確実に改善されてきています。その事実をＴＫＣ全国会が発行する『ＴＫＣ経営指標』（平成十六年版）から検証すると、収録された約二十二万五千社の中小企業のうち、黒字企業の割合は全体の四九・〇％ですが、ＴＫＣのパソコン会計ソフト「ＦＸ２シリーズ」を利用する企業では六〇・〇％。これと経営計画ソフト「継続ＭＡＳ」を利用した企業では六一・四％。さらに「決算申告確認書」（税理士法第三十三条の二に基づく添付書面）を利用した企業では六二・一％へと上昇しています。

また、あとでも述べますが、金融庁が進める「リレーションシップバンキング」に関連して、ＴＫＣ会員事務所が提供するパソコン会計ソフト「ＦＸ２シリーズ」を使って関与先企業が作成した決算書は「精度が高い財務諸表」として高く評価されるようになりました。これを受けて多くの地域金融機関では、中小企業のための無担保融資制度を作り、低い利子率による貸出を開始するようになりました。

このように会計事務所においては、情報技術（ＩＴ）を活用して従来の帳簿付けや決算申告の業務を徹底的に合理化した上で、さらに「経営改善に役立つ新しいサービス」を提供することがすでに始まっているのです。したがって創業や経営革新の支援についてもその延長線上にとらえることができるのです。

それではここで、なぜ会計事務所に古いイメージが定着してしまったのか、そして会計事務所は時代の変化に対応するためにどのような変化を遂げてきたのか、その歴史を振り返っておきたいと思います。

(1) 欠損法人三〇パーセント時代の会計事務所（昭和二十七年〜昭和四十九年）

国税庁の資料（『国税庁五〇年史』）によれば、昭和二十七年から昭和四十九年までの間、欠損法人比率（欠損のため法人税を払わない法人の割合）はほぼ一定しており、わずかに約三〇％でした。戦後約三十年もの間、七〇％もの黒字法人比率が維持されていたのです。当時はどこもかしこも黒字だったのです。戦後の経済復興とその後に続いた経済成長がいかに凄いものだったのかよく分かります。

そのうち昭和二十年代は、国家再建のためと称して厳しい推計課税と苛斂誅求な税の取り立てがまかり通っていた時代でした。それは「納税者が会計帳簿をつけていなかった」からなのです。その穴を埋めたのが会計事務所でした。昭和三十年代から四十年代を通して、中小企業の世界では会計事務所の努力により会計帳簿が普及していったのです。黒字決算の時代ですからそのニーズの中心は節税対策にありました。したがって会計事務所は、記帳代行、申告書作成、そして節税対策に集中的に取り組んでいったのです。その結果として、会計事務所は「記帳代行屋」であるというイメージが定着してしまったのでした。

(2) 欠損法人五〇パーセント時代の会計事務所（昭和五十年〜平成四年）

昭和五〇年になって欠損法人比率は、前年の三二・五％から四三・〇％へと一気に悪化し、昭和五十七年には五〇％ラインを突破しました。きっかけは円の変動相場制への移行（昭和四十八年）でした。円高が経済成長に急ブレーキをかけたのです。そのあと昭和六十年（一九八五）には、米国の貿易赤字削減を目的とするプラザ合意により円高が進み、さらに当時の大蔵省と日銀の金融政策の失敗も重なって過剰なマネーサプライが生まれ、バブル経済となりました。しかしその実態をよく見ると、土地と株式が暴騰しただけなのであって、欠損法人比率から見るミクロ経済は、バブルで景気が最も加熱した平成二年（一九九〇）においても四八・二%であり、昭和四十年代よりも一〇%以上も悪化していたのです。

また、この頃からコンピュータのダウンサイジングが始まり、会計事務所のコンピュータ利用方式が「計算センター利用型」と「オフコン利用型」とに分かれました。ここでオフコンに進んだ会計事務所の多くは、記帳代行業務の大量受託には成功しましたが、いつの間にかオフコンのもつ特殊な機能、すなわち、

①何らの痕跡も残さずに過去の会計記録を自由に修正・追加・削除できる機能

②いつでも一年分の会計帳簿と決算書を作成できる機能

がコンピュータを利用する最大のメリットと理解する風潮が生まれ、手書き記帳の時代よりも信頼性が低い決算書や試算表が横行するようになりました。

また、平成元年には消費税が導入され、税法上の記帳要件が複雑化したため、中小企業からの記帳代行のニーズはさらに高まりを見せました。

(3) 欠損法人七〇パーセント時代の会計事務所（平成五年〜平成十四年）

わが国でバブル経済が崩壊した直後に世界的な大事件が起こりました。ソ連の崩壊（一九九二）です。旧社会主義諸国が市場経済化され、世界の産業構造が地殻変動を始めました。東西冷戦での不沈空母日本もその戦略的重要性が失われ、中国・北朝鮮と対峙するだけとなり、世界から見てその枠組みはカシミール紛争レベルとなりました。円高もさらに進み（平成七年二月には一ドル七九円五〇銭）、これらの影響を受けて欠損法人比率は、平成元年の四九・六%から平成七年の六四・五%へと悪化しました。

スイスのＩＭＤ（経営開発国際研究所）が毎年発表する『世界競争力白書』では、日本の国際競争力は平成五年（一九九三）まで世界第一位でした。しかし八年後の平成十三年（二〇〇一）にはなんと第二十六位。あれよあれよという間の出来事です。日本の政官財は世界経済の変化のスピードについていけず、一九八〇年代の高コスト体質をそのまま残していたからでした。

平成七年（一九九五）にはウインドウズ95が登場し、そのあといろいろなパソコン会計ソフトが生まれ、会計記帳業務は会計事務所から急速に中小企業にシフトするようになりました。

この頃から事業の再構築を意味する「リストラ」が、人員整理を意味するようになりました。国税庁の統計によれば平成九年をピークとして「一人当たりの平均給与」も下がり始めました。この低落傾向は最新の統計である平成十四年までずっと続いています。

平成九年（一九九七）には北海道拓殖銀行が破綻。銀行の巨額な不良債権がクローズアップされるようになりました。翌平成十年にはＢＩＳ規制（一九八八）を受け入れた大蔵省（当時）が金融機関の自己資本比率を規制する「早期是正措置」を導入。さらに平成十一年（一九九九）、大蔵省は『金融検査マニュアル』を発表しました。金融機関はすべての貸出先に対して債権の自己査定（企業格付け）を開始し、営業利益が二期連続マイナスの企業や債務超過企業は「要注意先」以下に分類され、貸し渋り・貸し剥がしの対象となりました。（注：「貸し剥がし」という言葉が日本経済新聞に最初に登場したのは平成十年二月です。）

そして、同じ頃に中小企業基本法が抜本改正され、前にも述べたように、国と地方の中小企業政策のスタンスが「優勝劣敗」を許容する方向へと一変しました。

これらの歴史的な出来事により、経済環境はさらに悪化し、欠損法人が増え、その結果として節税対策のニーズは影を潜めました。中小企業の経営者の関心も大きく変わり始めました。いかにして黒字決算を達成し、自己資本比率を高め、自社の企業格付けをアップするかという方向に転換していったのです。そのために自分の役員報酬を減額する経営者も増えてきました。

(4) コンプライアンス（法令順守）の時代（平成十五年から）

最近「コンプライアンス」（法令順守）、「アカウンタビリティ」（説明責任）、「ディスクロージャー」（情報公開）などの新しいキーワードを使って企業の社会的責任が強調されるようになりました。（注：法令順守は古い言葉ですが、「コンプライアンス」が日本経済新聞に登場したのは平成十五年十二月です。）

その背景を考えると、ソ連の崩壊が少なからず影響していると思います。時代のパラダイムはより右寄りになりました。それにいま日本はのっぴきならぬ国内事情を抱えています。国と地方の長期債務残高がきわめて巨額となっており、それが毎年三十兆円程度増え続けていることです。財務省はその平成十六年度末の残高を七百十九兆円程度になると発表していますが、これに公的年金債務や財政投融資に伴う借入金、および特殊法人や独立行政法人などの借入金を加えた「国と地方の負債総額」はまったく不明なままなのです。

この点で財務省はアカウンタビリティを果たしているとはいえません。公開すればパニックを起こすほどの数字だからでしょう。だから『国家破産』を煽る図書が書店に山積みされているのです。日本総合研究所の試算（『戦略経営者』平成十六年三月号）によれば一千兆円をはるかに超えているようです。

さらにまずいことに、小泉首相は昨年の自民党総裁選においてプライマリー・バランス（基礎的財政収支）の達成を二〇一〇年代初頭とするという公約を掲げましたが、いまだにその目途は立っていません。

財政破綻を避けるには歳出を大胆に削減せざるを得ない。そのような政策は公共事業費予算やＯＤＡの大幅カット、社会保険診療報酬の見直し、国立大学の独立行政法人化、「平成の（市町村）大合併」などとしてすでに現れています。それぞれ激しい抵抗が生まれていますが、国家財政はどうなるのでしょう。

その一方で増税以外の歳入増加策は、国際競争力強化と企業間競争の活性化による経済再生以外にはあり得ない。その打ち手が規制緩和であり、「e-Ｊａｐａｎ重点計画」であり、「科学技術創造立国」への取り組みであり、経済特区や中小企業の経営革新支援などなのでしょう。

しかし競争が激化すれば社会に混乱が起こり、生き残りを目指す企業の「モラルハザード」（倫理崩壊）は避けられません。そのような深刻な事態に陥ることのないように、国は企業にコンプライアンス等の社会的規範を守るようあらかじめ世論を誘導しているのだと思います。国は「企業は生き残りのために自助努力に努めなさい。ただしオープンなルールの下で正々堂々と勝負すること」と言い始めているわけです。

国家財政の破綻が迫っている以上、これはこれで正しいことだと思われます。

(5) リレーションシップバンキングの時代（平成十五年から）

金融庁が平成十五年三月に発表した中小・地域金融機関に対する「リレーションシップバンキングに関するアクションプログラム」も同じ平仄にあると思われます。平成十六年二月に改訂された『金融検査マニュアル別冊〔中小企業融資編〕』も同様です。ここには主要行に対する「金融再生プログラム」（平成十四年十月）とはまったく違って、借り手の中小企業と地域経済に対する配慮が滲んでいます。

そして、この中で注目すべきことは、中小企業に対する妥協点は広げましたが、こと企業会計に関しては中小企業においても「正しい会計」（コンプライアンス）を実践することが期待されていることです。

中小・地域金融機関が実践すべき「アクションプログラム」の中には、「キャッシュフローを重視し、担保保証（特に第三者保証）に過度に依存しない新たな中小企業金融に向けた取組みの促進」が掲げられています。すなわち、これまでのごとく担保主義に走るのではなく、正しい決算書と事業計画から将来のキャッシュフロー（債務償還能力）を予測し、これを基礎として無担保融資を実行しなさいということです。

そして中小・地域金融機関に対して、「中小企業庁において『中小企業の会計に関する研究会報告書』（平成十四年六月）が取りまとめられていること等を踏まえ、各金融機関に対し、財務諸表の精度が相対的に高い中小企業に対する融資プログラムの整備に向けた取り組みを期待する」と要請しています。

ここで金融庁が期待していることは「財務諸表の精度が一定水準以上と考えられる企業又は企業グループ等に対して金利等の融資条件の面で、一般の融資よりも有利な融資プログラムの整備に向けた取り組みがある場合には、その内容を具体的に記載すること」であり、その参考事例として「（注）一例としては、いくつかの地域銀行において展開されているＴＫＣ（税理士・公認会計士の全国ネットワーク組織）のパソコン会計ソフトを導入している企業向け専用の無担保融資制度等が考えられる」としているのです。

ここでいう「企業向け専用の無担保融資制度」は、東京三菱銀行とＴＫＣの業務提携に基づいて平成十二年から始まった「ＴＫＣ戦略経営者ローン」（本書一四三頁を参照）を指しているのですが、この仕組みはすでに八十を超える全国の地域金融機関において採用されています。

このような流れを見ても、いかに「正しい会計」（コンプライアンス）が重要となってきているのか、またＴＫＣ会計人が金融機関からいかに高い評価を受けているのか、お分かりいただけるものと思います。

ＴＫＣ会計人による経営助言サービスの特長

ＴＫＣ会計人による経営助言サービスは、次のような条件を整備することから始まります。

①日々の会計記帳について、しっかりとした指導を行う。

ＴＫＣ全国会では、「会計記帳は、整然かつ明瞭に、正確かつ網羅的に、かつ適時に行わなければならない」としています。ただし今日においては、関与先企業において「会計帳簿の証拠能力」を確保し、法廷対抗要件を整備するという観点から、古い時代のような会計記帳の請負サービスは最も回避すべきものとされています。そのため関与先企業には自ら記帳していただくか、パソコン会計ソフト（ＦＸ２）を利用していただくことをすすめています。

②毎月、関与先企業に出向き、現場で巡回監査を行う。

ＴＫＣ全国会では、「巡回監査とは、会計人が関与先企業を毎月巡回し、会計資料並びに会計記録の適法性、整然明瞭性、適時性、正確性を確保するため、会計事実の真実性、実在性、完全網羅性を確かめ、かつ指導することである」とし、その完全履行をＴＫＣ会計人の義務としています。

③巡回監査に続いて、迅速に、発生主義に基づいた月次決算を行う。

その結果、前月末時点の「月次貸借対照表」と「月次損益計算書」が作成されます。ただし、このような制度上の財務諸表は経営者の判断材料として役立たないため、あわせて自社の最新業績について前年比較及び同業者比較を行う「要約貸借対照表」「変動損益計算書」「資金移動図表」などを毎月提供し、分かりやすく解説しています。

④第４四半期が始まるまでに戦略的決算対策を行う。

ＴＫＣ会計人のサービスは「継続」を前提にしています。右のようなサービスをＴＫＣコンピュータセンターを使い毎月継続して提供していますから、すべての関与先企業について財務データが時系列に蓄積されることになります。このデータベースを活用して、事前に期末の着地点（業績）を予測し、節税対策あるいは赤字決算回避のためのシミュレーションを行っています。

⑤決算日から四十日以内に法人税申告書等を作成する。
⑥法人税申告に際しては、「決算申告確認書」（税理士法第三十三条の二に基づく添付書面）を添付する。
「決算申告確認書」は、税理士が申告書の作成において「計算し、整理し、又は相談に応じた事項」を記載した書面で、いわば税務申告における「監査証明書」となるものです。なお、これに虚偽の記載を行った場合は懲戒処分を受けることになります。

このようなアプローチ方法は、「正しい会計」ができない限り関与先企業の繁栄に役立つ経営助言などできるはずはない、という考え方に基づいています。そのためにＴＫＣ全国会では、中小企業が、日々の正しい記帳、精度の高い「決算書」（財務諸表）の作成、そして適正申告することができるように、最大の力点を置いているのです。

本書の七人の執筆者は、このような会計事務所サービスをすべての関与先企業に対して継続的に提供しながら、その上に立って、ＴＫＣ全国会が戦略目標とする「関与先企業の黒字決算割合の向上」「関与先企業の創業・経営革新の支援」そして「会計事務所の社会的使命の完遂」に役立つ経営助言サービスを展開しておられるのです。

最後に、本書が皆様の会社の再生と復活のお役に立てば、これに勝る喜びはありません。
皆様のご健康とご健闘を心からお祈り申し上げます。

平成十六年七月吉日

株式会社ＴＫＣ　代表取締役社長　飯塚真玄

執筆者のプロフィル（順不同）

□松本健司（まつもと　けんじ）税理士
昭和16年生まれ・63歳。昭和48年6月松本税理士事務所設立。昭和55年7月ＩＣＧ経営コンサルタント、昭和60年5月北九州マネージメントコンサルタンツ（株）を設立し代表取締役。昭和62年12月ＴＫＣ全国会ＭＡＳ委員長、平成9年9月よりＴＫＣ九州会会長。著書「企業風土診断と改善手法」（共著・ＴＫＣ出版）座右の言葉「心頭滅却　無」。

福岡県北九州市八幡西区大浦2-8-24

□赤岩茂（あかいわ　しげる）公認会計士・税理士
昭和33年生まれ・46歳。監査法人等の勤務を経て、平成元年2月1日赤岩会計事務所設立。平成14年9月税理士法人報徳事務所代表社員・理事長。ＴＫＣ全国会創業・経営革新支援委員会委員長、三和町監査委員。著書「決算書の読み方基本の基本」（中経出版）他。座右の言葉「微差大差」「凡事徹底」。茨城県猿島郡総和町西牛谷1020-1

□松本正福（まつもと　まさとみ）税理士
昭和24年生まれ・54歳。家電販売会社、山根一郎税理士事務所勤務を経て、昭和60年5月松本正福税理士事務所設立。中国税理士会米子支部副支部長、ＴＫＣ中国会理事・システム委員長、境港商工会議所監事、境港青色申告会会長、八束町商工会副会長、八束町教育委員会委員長。著書「企業風土診断と改善手法」（共著・ＴＫＣ出版）座右の言葉「人間は自分が思ったとおりの人間になる」。

鳥取県境港市外江町3801

□齋藤保幸（さいとう　やすゆき）税理士
昭和31年生まれ・48歳。岩田守耕税理士事務所勤務を経て、昭和60年4月齋藤保幸税理士事務所設立。東海税理士会業務対策部副部長・ＴＫＣ静岡会常務理事・ＴＫＣ全国会システム委員会副委員長他。座右の言葉「自利利他」。

静岡県沼津市千本緑町2-10-1

□**島津文弘**（しまづ　ふみひろ）**税理士**
昭和34年生まれ・44歳。田中大塚公認会計士事務所勤務を経て、平成3年5月島津会計事務所副所長就任。平成14年4月島津会計税理士法人設立、代表社員。関東信越税理士会高崎支部所属（研修部長）、TKC関信会システム委員会委員長、新島学園短期大学講師、群馬テレビ「ビジネスジャーナル」ご意見番、高崎市経営改革委員。座右の言葉「自利利他」。群馬県高崎市昭和町226

□**黒岩延時**（くろいわ　のぶとき）**公認会計士・税理士**
昭和31年生まれ・47歳。昭和60年監査法人TKA飯塚毅事務所に勤務。平成3年ニューヨーク大学ALI語学留学、同大学客員研究員として佐藤隆三教授の下で研鑽。米国会計事務所勤務を経て、平成9年黒岩嘉三公認会計士事務所勤務。平成13年10月黒岩延時公認会計士事務所開業。TKC九州会創業・経営革新支援委員会委員長、久留米間税会青年部部長。著書「親父が語る消費税」（共著・大蔵財務協会）。信条「星を見つめ続けること」。

福岡県福岡市南区向野2-25-25オークピア筑紫丘2F

□**海江田博士**（かいえだ　ひろし）**税理士**
昭和27年生まれ・52歳。昭和59年東京でマーケティングリサーチ会社を設立。平成6年海江田税理士事務所入所副所長。平成13年海江田経営会計事務所設立現在に至る。南九州税理士会大隅支部支部長・対外広報室副室長、TKC九州会鹿児島支部創業・経営革新支援委員会委員長。著書「かしこい暮らしアドバイス」（共著・つげ書房新社）。

鹿児島県曽於郡志布志町安楽2024-2

左から海江田博士・松本正福・島津文弘・松本健司・赤岩茂・齋藤保幸・黒岩延時の各氏

ＴＫＣ全国会
創業・経営革新支援委員会
バランス・スコアカード研究小委員会

税理士　松本　健司
公認会計士 税理士　赤岩　茂
税理士　松本　正福
税理士　齋藤　保幸
税理士　島津　文弘
公認会計士 税理士　黒岩　延時
税理士　海江田博士

税理士が書いた中小企業の経営革新バイブル
『社長の仕事』 バランス・スコアカード(BSC)経営で 目指せ優良企業!!

2004年８月３日　第１版第１刷　定価（本体1,800円＋税）
2009年３月17日　第１版第11刷

著　者　TKC全国会 創業・経営革新支援委員会
バランス・スコアカード研究小委員会

発行者　石　岡　正　行

発行所　株式会社ＴＫＣ出版
〒102-0074　東京都千代田区九段南4-8-8
日本YWCA会館4F　TEL(03)3239-0068

印刷・製本　東京ラインプリンタ印刷株式会社
装　丁　株式会社　キャデック

ISBN 978-4-924947-44-3